Hans-Kurt Boehlke Friedhofsbauten

Hans-Kurt Boehlke

Friedhofsbauten

Kapellen   Aufbahrungsräume   Feierhallen   Krematorien

Callwey Verlag München

ISBN 3 7667 0230 0
© 1974 by Verlag Georg D. W. Callwey, München
Alle Rechte vorbehalten, auch die des auszugsweisen
Abdrucks, der fotomechanischen Wiedergabe
und der Übersetzung
Umschlagentwurf: Baur + Belli Design, München
Satz: E. Rieder, Schrobenhausen
Druck: Pera Druck, Gräfelfing
Buchbinder: Grimm + Bleicher, München
Offsetlithos: Brend'amour, Simhart & Co, München
Printed in Germany

Inhalt

	Vorwort	7
	Einführung: Friedhofsbauten	8
1	**Der Ablauf des christlichen Begräbnisses**	11
1.1	Geschichte	
1.2	Kirchenzucht und Lebensordnung der Kirchen	
2	**Vom Kirchhof zum Friedhof**	12
2.1	Entmythologisierung des Friedhofs	
2.2	Der kommunale Friedhof	
3	**Friedhofskapellen**	14
3.01	Die Ausstattung einer Friedhofskirche oder Friedhofskapelle	
4	**Aufbewahrungshäuser und Friedhofs-(Aussegnungs)hallen**	16
4.01	Das historische Leichenhaus — „Tempel des Schlafs"	
4.02	Die Aufbahrungshäuser unserer Zeit	
4.1	Der Bezirk der „Sepulkralarchitektur"	
4.11	Der Standort	
4.12	Das Raumprogramm	
4.13	Aussegnungsraum — Feierhalle	
4.131	Der Grundriß des Feierraums	
4.132	Die Belichtung des Feierraums	
4.133	Die Ausstattung der Feierhalle	
4.14	Aufbahrungskammern	
4.141	Gemeinsame Aufbahrungsräume	
4.142	Sezierraum	
4.15	Nebenräume für Geistliche, Angehörige, Sargträger und ggf. Bestattungspersonal, Friedhofswärter, Geräte, Verwaltungen u. a.	
4.151	Raum für den Geistlichen	
4.152	Warteraum für die Angehörigen	
4.153	Raum für Sargträger, Bestattungspersonal	
4.154	Stuhl-Stapelraum	
4.155	Raum für den Friedhofswärter	
4.156	Geräteraum, Gerätehaus	
4.157	Toiletten	
4.158	Räume für die Verwaltung	
4.159	Typisierung der Nebenräume	
4.16	Die äußere Gestalt der Aufbahrungs- und Feierhäuser	
4.17	Das Geläut	
4.18	Kriegsopfergedenken im Rahmen der Aussegnungsbauten	

5	**Feierplatz im Freien**	31
6	**Krematoriumsbauten**	32
6.01	Erd- und Feuerbestattung	
6.1	Die Diskrepanz zwischen kultischer Handlung und technischem Verbrennungsvorgang	
6.11	Zur Lage des Verbrennungsraumes	
6.12	Zur Ausgestaltung des Verbrennungsraumes	
6.13	Die Verbrennungsanlage	
6.14	Raum für Aschenübergabe	
6.2	Das Äußere des Krematoriums	
6.3	Trennung von Feierhaus und Verbrennungsanlage	
6.4	Bauten für Urnenbeisetzungen	
6.41	Kolumbarien	
7	**Die Einbeziehung der Friedhofsbauten in den Friedhof, in die städtebauliche Umgebung oder die Landschaft**	
	Die Zusammenarbeit von Architekt und Landschaftsarchitekt	37

Nachsatz 39

Anhang 41

Anmerkungen 41
Literaturverzeichnis 43
Architektennachweis 45
Ortsregister 46
Fotonachweis 47

Bildteil 49

Friedhofskapelle und Friedhofskirche 50
Freiaussegnungshallen 52
Ländliche Friedhofshallen 55
Friedhofshallen städtischer Größenordnung 77
Ausländische Beispiele 108
Krematorien 112
Kremationsöfen 142
Kolumbarien 146

Vorwort

»Wer nicht den Taifun kennt, weiß vielleicht nichts von der Stille des Meeres. Wer nicht die Kompliziertheit unserer Tage an sich erfährt, weiß nichts von der Einfalt. Für diese Stille, für die in ihr ruhenden einfachsten Gewißheiten leben, ringen und sterben wir...«

Otto Bartning, 1932 [1]

Der Friedhof hat dem Wortherkommen [2] nach zwar nichts mit dem Grabesfrieden, schon gar nichts mit dem sentimentalen Friedensbegriff des 19. Jahrhunderts zu tun, aber die Stille, die vor der Größe, vor dem Erhabenen steht und auf uns einwirkt, ist ihm eigen. Soweit dieses psychologisch-akustische Phänomen »sichtbar« gemacht werden soll, ist das nur in Schlichtheit möglich. Das konnte keiner besser in Worte fassen als der Kirchenbaumeister Otto Bartning, der u. a. die Friedhofshalle mit Krematorium für Bremen-Walle schuf.

Wenn im folgenden ein Ausschnitt des Bauens behandelt wird, der in mit dem Todesgeschehen zusammenhängenden kultischen Urgründen des Menschen wurzelt, dann mögen die Architekten bedenken, daß es nicht darum geht, »l'art pour l'art«, sondern »l'art pour l'homme« zu schaffen.

Für wichtige Hinweise im Textteil des Buches habe ich Architekt Professor Max Bächer, Stuttgart/TU Darmstadt, und Pater Donatus M. Leicher vom Konvent der Dominikaner zu Freiburg/Brsg. für seine Stellungnahme aus der Sicht der katholischen Kirche zu einigen meiner im Text unterbreiteten Ansichten und Vorschläge zu danken. Mit Professor Dr. Stephan Hirzel, Kassel (einem der bisher maßgeblichen Männer der Evangelischen Kirchbautage), habe ich kurz vor seinem Tod noch ein Anregungen gebendes Gespräch über den Inhalt dieses Buches geführt. Schließlich habe ich den zahlreichen in- und ausländischen Gemeinde- oder Friedhofsverwaltungen und Architekten für die erbetene Hergabe des Bild- und Planmaterials zu danken, bei dessen Sichtung mir mein Mitarbeiter Architekt Dipl.-Ing. Ernst Röttger mit Sachverstand und Umsicht half.

Einführung
Friedhofsbauten

Ein Buch über Friedhofsbauten zu schreiben, ist ein einigermaßen schwieriges Unterfangen, will man nicht ein umfassendes Werk über Friedhofsgestaltung schlechthin vorlegen. Die Bauten auf einem Friedhof sind ein Teil seiner Gesamtplanung, und wenn sie — wie heute besonders häufig auf älteren Friedhöfen, vor allem auch im ländlichen Bereich — nachträglich erstellt werden, müssen sie sich der vorangegangenen Friedhofsplanung oder zumindest der vorgefundenen Situation einfügen, falls nicht mit ihrer Erstellung eine Umgestaltung des älteren Friedhofs ohnehin vorgesehen ist.
Bücher über Friedhofswesen und -gestaltung gibt es einige — eines hat der Verfasser selbst vorgelegt. Die Friedhofsbauten sind in ihnen stets nur — zum Teil vom Grundsätzlichen her — angesprochen oder doch sehr knapp behandelt worden; das gilt besonders für die notwendigen Beispiele. Auf sie legt das hier vorgelegte Buch besonderen Wert, wobei der Verfasser sich in Text und Abbildung im Hinblick auf das Gesamtthema notwendige Beschränkungen auferlegt hat. Dabei ist er sich darüber im klaren, daß die Friedhöfe in ihrer landschaftsgestalterischen und baulichen Konzeption und in dieser wieder die den unterschiedlichsten Zwecken dienenden Bauten eine zusammengehörende Einheit darstellen. Eine gute gestalterische Lösung kann nur entstehen, wenn es gelingt, eine formale Einheit zu schaffen, die den gesamten Friedhofsbereich umfaßt und auch seine Bauten bestimmt. Diese unterschiedlichsten Bedürfnissen dienenden Bauten müssen in eine Gesamtkonzeption integriert werden — oder so deutlich voneinander abgetrennt sein, daß keinerlei Beziehung unter- und voneinander mehr abgeleitet werden kann.
Wenn trotz dieser Feststellung hier dennoch der Bereich der Friedhofshallen und Aufbahrungskammern besonders untersucht wird, dann liegt der Grund dafür in dem Umstand, daß für die von rein utilitären Funktionen bestimmten Bauten und Räume genügend Informationsmaterial zur Verfügung steht, Gemeinden und Architekten zumeist aber im Dunkeln tappen, wenn es um die Definition der Feierhalle, der Aufbahrungskammer bzw. des Begriffs der »Aussegnung« geht.
Hier ist allerdings zu bedenken, daß angesichts unserer pluralistischen Gesellschaft nicht nur der Begriff der Friedhofskapelle, sondern selbst Bezeichnungen wie Aussegnungs-, Einsegnungs- oder — wie in der Schweiz — Abdankungshalle über kurz oder lang in Frage gestellt werden, da die Friedhofshallen heute vorwiegend säkulare Bauten sind. Mit der derzeit diffusen Situation ist wohl nicht mehr lange zu rechnen. Künftig wird es fast ausschließlich Pflicht der kommunalen Gemeinden sein, im Einvernehmen mit den Kirchen den für simultane Feiern geeigneten, also säkularen Raum, auf den Friedhöfen zu schaffen, der — möglichst mobil — so eingerichtet ist, daß Feiern nach unterschiedlichem Ritus oder auch rein weltlicher Natur darin abgehalten werden können. Die hier sichtbar werdenden Wandlungen in der Gesellschaft und damit herkömmlicher Begriffe und Aufgaben ließen dem Verfasser den Versuch der Erläuterung wesentlich erscheinen, warum diese oder jene gedankliche Konzeption der Planung von Friedhofsbauten zugrunde gelegt werden sollte.
Je nach Größe eines Friedhofs umfassen die Hochbauten auf dem Friedhof oft ganze Architekturkomplexe, die zusammengefaßt aber auch räumlich voneinander getrennt sein können. Der dominierende Raum wird im allgemeinen die Feierhalle sein; mit ihr meist verbunden sind die Aufbahrungsräume. Bei einigen neueren Entwürfen (so denen des Architekten Professor Max Bächer) sind die Aufbahrungszellen für die Toten und die Feierhalle voneinander völlig getrennte Bauten, was mit der Überlegung des Nachvollzugs des noch zu erläuternden früheren Weges vom Sterbehaus zum Kirchhof zusammenhängt. In solchen Fällen kann dann auch die bauliche Zusammenfassung der Aufbahrungsräume architektonisch gegenüber dem Bau der Feierhalle dominieren, obwohl naturgemäß die Zellen im einzelnen kleiner als der Feierraum sind.
Auch der ländliche Friedhof bedarf neben Feierhalle und Aufbahrungsräumen heute eines Raumes für den Geistlichen und eines Geräteraumes, der auch einen Bahrwagen aufzunehmen vermag. Der städtische Friedhof verlangt ein umfassenderes Raumprogramm, bei dem der Feierhalle entsprechender Größenordnung und den Aufbahrungszellen Nebenräume zuzuordnen sind, deren Verwendungsart und damit auch Zahl eine erhebliche Erweiterung erfährt: Sezierraum, Arztraum, Aufenthalts-, Umkleide- und Duschräume für Leichenträger, Grabmacher, Gärtner, Aufsichtspersonal etc., Raum für Abgabe der Kränze und Blumen, Aufenthaltsraum für Angehörige der Verstorbenen, eine entsprechende Anzahl Toiletten, eine möglichst abgeschirmte Anfahrtsmöglichkeit für die Leichen, vielleicht durch einen gegen Einsicht geschützten Wirtschaftshof, der die erweiterten Geräte-, Wagen-, Kühl-

und technischen Räume und Garagen umschließt; und dazu kommen noch die zumeist in einem eigenen Gebäude untergebrachten Räumlichkeiten der Verwaltung für einen oft vielfältigen Publikumsverkehr mit Räumen für die Anmeldung einer Beerdigung, gegebenenfalls Beratungsraum für die Gestaltung von Grab und Grabmal, die Gräberregistratur, die Kasse — um nur die wesentlichsten zu nennen — und schließlich im Friedhofsbereich liegende Wohnungen für Friedhofsverwalter und Gärtner, die Familien und Kinder haben, die von Freunden besucht werden wollen, weswegen hier die Privatheit der Bewohner bei der Lage berücksichtigt werden soll; hinzu kommt oft eine eigene Friedhofsgärtnerei. Bei großstädtischen Friedhöfen sind im Eingangsbereich eingeplante und verpachtete Ausstellungs- und Verkaufsräume für Friedhofsgärtner und Steinmetzen. Hinzu kommen Parkplätze, gegebenenfalls Omnibushaltestellen etc.

Das alles kann in einem gemeinsamen Baukomplex, etwa am Haupteingang des Friedhofs, aus Gründen der zentralen Erschließung und der gleichzeitigen Erleichterung des Publikumsverkehrs zusammengefaßt werden; doch ist ebensogut eine Trennung möglich mit der Verwaltung am Haupteingang und der Aussegnungshalle mit etwa zugehörigen Räumen an anderer, aus der Gesamtsituation sich besser anbietender Stelle.

Die hier angedeutete Vielfalt des Raumprogramms wird bei jedem Bauvorhaben stets unterschiedlich sein, da die örtlichen Gegebenheiten nie gleich sind.

Die Größe des Friedhofs und damit auch seines Bauprogramms richtet sich auf dem Dorf und in der kleinen und mittleren Stadt nach der Einwohnerzahl und läßt sich nach den bekannten Flächenberechnungsregeln [3] leicht feststellen. In den Großstädten haben die Städtebauer seit der internationalen Friedhofstagung »Das Grün im Städtebau — Der Friedhof« im März 1962 an der Technischen Universität Berlin, die großen Zentralfriedhöfe endgültig abgeschrieben zugunsten von Bezirksfriedhöfen mit einer ökonomisch rentablen Maximalgröße von 50—60 ha (Ausnahmen wie der neue Großraumfriedhof Öjendorf in Hamburg bestätigen die Regel). Da nun die jeweilige Größenordnung des Friedhofs das gesamte Bauprogramm und seine sehr wichtige verkehrsmäßige Erschließung bestimmt, man also kaum feste Normen aufstellen kann, die Gestaltung profaner Verwaltungsgebäude den Architekten auch weniger Schwierigkeiten machen, sollen in diesem Buch jene Bauten behandelt werden, die aus einem Mißverständnis der auftraggebenden Gemeinden und auch vieler Architekten als Sakralbauten angesehen werden. Sie machen besondere Schwierigkeiten, da meist zu unklar programmiert wird, so daß der subjektiven Interpretation ein sehr großer Spielraum bleibt.

Entgegen dem weitverbreiteten Mißverständnis sind jedoch diese Aussegnungs- und Aufbahrungshäuser Profanbauten — wir werden das noch erläutern. Da sie keinesfalls Sakralarchitektur, aber wegen der häufig in ihnen vorgenommenen Kulthandlungen auch nicht der Profanität der Verwaltungsgebäude gleichzusetzen sind, dürfen wir sie vielleicht mit dem Begriff der »Sepulkralarchitektur« umschreiben. Das jedoch nur zum Verständnis, ohne damit eine neue Terminologie setzen zu wollen; am sinnvollsten und einfachsten wird man künftig lediglich von den Feierhallen und Aufbahrungsräumen der Friedhofsbauten sprechen.

Die Ungewißheit der Zuordnung macht die Architekten allzuoft unsicher, unsicher in der Formensprache, in der Verwendung der Baustoffe, unsicher in ihrer gestalterischen Haltung; unangebrachte Vorbilder sind zumeist hilflos sakral verbrämte sogenannte »Friedhofskapellen« und »Leichenhallen«, häufig noch mit dem ins Bombastische tendierenden Ausdruck der Gründerjahre. Andererseits wurde gerade in dieser Gründerzeit der Typus des Friedhofsgebäudes und Krematoriums entwickelt, funktionell meist einwandfrei und für diese Anfangszeit beachtenswert. Im Prinzip lag man richtig, da man keine Kirchenarchitektur, sondern eine selbständige Friedhofsarchitektur wollte. Dem Stilpluralismus der Gründerzeit entspricht heute ein Pluralismus der Formen. Nach einer Zeit der Pseudosakralität beginnt man erst jetzt wieder, eine eigentliche Architektur für den Friedhof zu entwickeln. In theoretischer Überlegung greift man dabei oft weit voraus, wie z. B. am Lehrstuhl für Bauplanung und Entwerfen des verstorbenen Professors Dr.-Ing. e. h. Egon Eiermann an der Universität Karlsruhe. Dort wurde 1968 das Thema »Bestattungskult« für eine Diplomarbeit gegeben. In der (im Literaturverzeichnis genannten) Dokumentation des Lehrstuhls mit den Arbeiten der Diplomanden werden zum Teil beachtenswerte Gedanken vorgetragen, die auch zeichnerischen Niederschlag fanden. In den meisten Skizzen der Diplomanden tritt jedoch an die Stelle des zu Recht abgelehnten pompe funèbre neues Theater mit »Wasserschleiern« oder spiegelnden Wasserflächen, gebündelten, gläsernen Säulen, gedämpft beleuchteten Räumen, abgesenkten »Verwehungsplätzen«, auf denen die Asche Verstorbener in flache Schalen geschüttet wird, damit der Wind sie in ein Wasserbecken wehe. —

Wir müssen prospektiv denken. Aber hier kann als Hilfe für zumeist Hilflose, die augenblicksbezogen praktisch handeln müssen, nur fortschrittliche Praxisnähe, also Gebautes vorgeführt werden, nicht aber eine vielleicht sogar wünschenswerte Utopie — die allerdings auch nicht blockiert werden soll. Zur Klärung der untersuchten Bauaufgaben werden im folgenden unter Außerachtlassung der Verwaltungs-, Gärtnerei- und sonstigen Friedhofsgebäude Friedhofshallen und heute nur seltene Friedhofskapellen, Aufbahrungs- und Aussegnungshäuser verschiedener Größenordnung, die in den letzten Jahren gebaut wurden und diese Aufgaben vom Sinngehalt und der Funktion her zu lösen versuchten, vorgestellt. [4]

Dabei ist sich der Verfasser der Unzulänglichkeit bewußt, daß er im Plan- und Bildteil dieser Veröffentlichung auch Beispiele bringt, die eigentlich nicht ganz der dieser Veröffentlichung zugrundeliegenden Auffassung entsprechen. Aber es werden zur Zeit noch Friedhofsbauten erstellt, die sich vom kirchlichen Sakralbau herleiten, jedoch wegen ihrer gestalterischen Qualität von der Betrachtung nicht ausgeschlossen werden sollen. Doch auch der kirchliche Sakralbau wird immer mehr im Hinblick auf seine vielseitigere Benutzung aufgrund soziologisch anders gearteter Aufgaben zum »Gemeindezentrum«, wobei selbst von Theologen der Wortbegriff »Kirche« für den oft simultan genutzten Gottesdienstraum abgelehnt oder zumindest doch nicht mehr benutzt wird. Vergleichbar ging die Entwicklung von der »Friedhofskapelle« zum »Friedhofszentrum« mit vielschichtigen Funktionen, »Zentrum« nicht unbedingt der Lage, aber seiner funktionellen, gesellschaftlichen und häufig auch architektonisch-akzentuierten Bedeutung nach.

Die Schwierigkeit der Beschaffung einer angemessenen Auswahl für den Bild- und Planteil verzögerte u. a. die Herausgabe dieses Buches, dessen Textteil und damit gedankliche Konzeption im wesentlichen 1969 abgeschlossen war. Die handbuchartige Gliederung möchte Architekten und Gemeindeverwaltungen die Unterrichtung über gegebenenfalls anstehende Teilfragen erleichtern.

1 Der Ablauf des christlichen Begräbnisses

(Eine Voruntersuchung zur Klärung des Raumprogramms der Friedhofshalle)

1.1 Geschichte

Über ein Jahrtausend wurde der Ablauf des christlichen Begräbnisses im Abendland durch die Folge dreier Handlungen bestimmt: Der im Haus, das zumeist ja auch das Sterbehaus war, — im Bauernhaus etwa auf der Tenne — aufgebahrte Tote wurde hier vom Geistlichen »ausgesegnet« [5], ehe ihn die Nachbarn aufnahmen und zunächst zum Gotteshaus brachten, das ja zumeist Mittelpunkt des Kirchhofes war und in dem im Beisein des Toten die Seelenmesse gelesen bzw. das Totenamt gehalten wurde; danach geleitete die Gemeinde den Verstorbenen zum Grab, wo er nochmals eingesegnet und unter Fürbitte und Trostgebeten beerdigt wurde.

In den Agenden für die Geistlichen zerfällt die Begräbnisfeier noch lange in 3 Akte: Aussegnung im Trauerhaus, Dienst in der Kirche, Handlung am Grabe. Nach der Reformation wurde diese Reihenfolge in der lutherischen Kirche teilweise beibehalten, während in der reformierten Kirche anstelle der Aussegnung im Haus zumeist eine Lektion zum Trost der Hinterbliebenen erfolgte, bei beiden aber an die Stelle des Totenamtes — jedoch ebenfalls im Beisein des Toten — in der Kirche der Gottesdienst trat, der die Verkündung der Auferstehungsgewißheit zum Inhalt hatte und dem dann unter dem Geleit der Gemeinde das eigentliche Begräbnis unter Beten und dem Singen von Liedern folgte. In den meisten evangelischen Gegenden — das weisen wieder vielfach die Agenden aus — verschob sich jedoch die Reihenfolge: Nach der Aussegnung des Toten im Haus oder nach der dortigen Lektion gab die Gemeinde dem Toten das Geleit zum Friedhof, wo er unter Worten des Gebetes, des Trostes und der Mahnung beerdigt wurde; anschließend begab man sich in die Kirche, wo nunmehr — schon ohne den Toten — der Gottesdienst gehalten wurde, der unter dem Verkündigungswort der Auferstehung, d. h. der Überwindung des Todes, der Beweisung der Liebe und Freundschaft und der Erinnerung an den eigenen Tod als Mahnung stand. Aber auch in manchen katholischen Gegenden bürgerte es sich in jüngerer Zeit wegen der oft divergierenden Entfernungen zwischen Pfarrkirche und Friedhof ein, daß man den Toten vom Sterbehaus unmittelbar zum Friedhof geleitete und sich erst nach dem Begräbnis in der Pfarrkirche zusammenfand, um das Totenamt zu vollziehen [6]. — Das katholische und das evangelische Begräbnis beginnt zumeist mit dem Zusammenrufen der Gemeinde: dem Läuten der Kirchenglocken. Ursprünglich wurde schon beim Bekanntwerden, daß eines der Glieder der Gemeinde im Sterben lag, die Sterbeglocke geläutet, um der Gemeinde Mitteilung zu machen und sie zu Fürbitte und Gebet zu rufen.

1.2 Kirchenzucht und Lebensordnung der Kirchen

Außer dem Begraben selbst verlangen also Kirchenzucht oder Lebensordnung der christlichen Kirchen von ihren Gemeinden beim Tode eines ihrer Glieder zwei weitere Dienste: das Geleit und bei den katholischen Christen die Fürbitte für den Toten in der Totenmesse und bei den evangelischen Christen das Geleit und die Verkündigung der Auferstehung.

Die ersten »Feldbegräbnisse« außerhalb der Stadtmauer waren im ausgehenden Mittelalter vielfach Pestfriedhöfe. In den Seuchenzeiten selbst konnten die Forderungen der kirchlichen Begräbnisordnung naturgemäß nur unvollkommen befolgt werden. In normalen Zeiten wird dann die Aussegnung der Toten im Haus und das Geleit zum Friedhof wieder selbstverständlich gewesen sein. Als Mangel zur Erfüllung des weiteren Gebotes wird sich aber hier und dort die wohl oft weite Entfernung vom Gottesacker außerhalb der Stadt zur Pfarrkirche bemerkbar gemacht haben, die in diesem Fall ja nicht mehr wie zuvor auf dem Kirchhof Mittelpunkt des Begräbnisplatzes war. Um diesem Mangel zur Erfüllung der Kirchenzucht Abhilfe zu schaffen, wurden nunmehr — oft durch Stiftung — bei den Feldbegräbnissen »Totenkirchen« und Friedhofskapellen erbaut, vielfach dem Heiligen Michael als dem »Seelengeleiter« geweiht.

2 Vom Kirchhof zum Friedhof

2.1 Entmythologisierung des Friedhofs

Naheliegend wäre es, die heutigen sogenannten Friedhofskapellen, meist Aufbahrungs- und Aussegnungshäuser, in der direkten Nachfolge der mittelalterlichen Totenkirchen und Friedhofskapellen zu sehen. Diesen Trugschluß sieht man den meisten diesem Zweck zugedachten Bauten auf den Friedhöfen an.
Napoleonische Gesetzgebung hat auch in ihrem deutschen Geltungsbereich zu Beginn des 19. Jahrhunderts die Kommunalisierung des Friedhofwesens bewirkt. So wie es kaum noch städtische Kirchhöfe gibt, werden auch die Dorfkirchhöfe seltener, auf denen sich landschaftsgeprägtes Brauchtum bis in unsere Tage gehalten hat. Zum Teil wurzelt es in bei der Christianisierung übernommenen oder nicht auszumerzenden vorchristlichen Mythen. Gewisse Tabus sind im Bereich des Friedhofs für das Volk weithin noch lebendig. Diese Tabus gelten nicht nur für die Grabstätten, sondern vor allem für die Behandlung des Toten bis zur und bei der Bestattung.
Schon in der 2. Hälfte des 18. Jahrhunderts begann — das hängt mit der Entmythologisierung des Friedhofs durch Aufklärung und Säkularisation zusammen — eine gestalterische Entwicklung, die sich vom Kirchhof löste und zu gartenarchitektonischen Lösungen führte. Noch verdeckter Beginn sozialer Bestrebungen und das Aufkommen von Denkmalschutz und Heimatpflege waren weitere Kräfte, die dazu beitrugen, daß diese Epoche für die Ausbildung des hygienischen und ästhetischen Friedhofs als Begräbnisplatz des 19. und 20. Jahrhunderts ebenso bestimmend wurde, wie es das Mittelalter für den Kirchhof als Kultstätte war.

2.2 Der kommunale Friedhof

War seit dem frühen Mittelalter die Totenbestattung grundsätzlich eine Angelegenheit zunächst allein der katholischen Kirche und seit der Reformation beider christlichen Konfessionen, da die Sorge für die Toten Bestandteil der Seelsorge war, so wandte seit dem 18., besonders aber im 19. Jahrhundert der Staat immer mehr seine Aufmerksamkeit dem Bestattungswesen als einer Aufgabe öffentlicher Verwaltung und Dienstleistung zu. Er erließ einschneidende Bestimmungen zur Ordnung des Begräbniswesens, vor allem, um jedermann ein »ehrliches« Begräbnis zu sichern und dem »pompe fenèbre« (dem barocken Begräbnispomp) Einhalt zu gebieten. Im Zuge der wirtschaftlichen und sozialen Entwicklung im 19. Jahrhundert erfolgten weitere Einbrüche in die Monopolstellungen der Kirchen.
In der Nachfolge der napoleonischen Herrschaft über weite deutsche Gebiete, in denen durch Gesetz das Friedhofswesen ausschließlich den politischen Gemeinden übertragen worden war, und mit dem Erstarken der gemeindlichen Selbstverwaltung gehen seit dem vorigen Jahrhundert, ausgehend von den Städten, immer mehr politische Gemeinden, die zu ihren Aufgaben die Sorgen um Gesundheit und Wohlfahrt ihrer Bürger zählen, dazu über, kommunale Friedhöfe anzulegen. Damit wandelt sich auch das Rechtsverhältnis des Bürgers bei der Inanspruchnahme des Friedhofs in das eines Anstaltsbenutzers gegenüber dem Träger einer rechtlich-öffentlichen Anstalt. Das gilt im Hinblick auf alle Einrichtungen des Friedhofs, auch hinsichtlich der Benutzung der Gebäude auf ihm, so vor allem der Aufbahrungs- und Aussegnungshäuser.
Das kommunale Friedhofswesen fällt nicht unter die Zuständigkeit der Kultusbehörden, sondern selbst auf Länderebene in die der Innenministerien. Allein dadurch wird schon klar ausgewiesen, daß es sich für die kommunalen und staatlichen Behörden in erster Linie um die hygienische Maßnahme einer allerdings pietätvollen und kulturverpflichteten Beseitigung — oder sagen wir pietätvoller: Bestattung — der Leichen handelt. Für die politischen Gemeinden und den Staat handelt es sich hier eben um Sach- und nicht um Kultfragen.
Solche sachlichen Erwägungen führen auch zu jenen Bauten auf den Friedhöfen, die nicht allein der Verwaltung und Unterbringung der notwendigen Geräte, sondern der Aufbahrung der Verstorbenen für die gesetzlich vorgeschriebene Zeit zwischen Eintritt des Todes und der Bestattung zur Verfügung gestellt werden. Für sie besteht in den Städten obligatorisch, aber auch in den meisten Landgemeinden Benutzungszwang. Die Kosten der Errichtung einer Leichenhalle oder der Aufbahrungsräume hat in allen Fällen die politische Gemeinde zu tragen, selbst dann, wenn es sich um einen kirchlichen Friedhof handelt. Benutzen mehrere Gemeinden den gleichen Friedhof, so haben sie sich anteilig an den Kosten für die Errichtung der Aufbahrungsräume oder der Leichenhalle zu beteiligen [7].

Das Dienstleistungen gewohnte Service-Denken unserer Gesellschaft nimmt solche Maßnahmen schon als selbstverständlich hin. Der Mensch wird heute fast ausnahmslos in der Klinik geboren — nicht zu Hause im Kreis der Familie — und sein Leben endet zumeist ebenfalls in der Klinik oder der Pflegestation des Altenheimes. Nicht nur die Friedhöfe werden an den Rand der Siedlungen, sondern auch das Sterben, der Tod schlechthin, wird an den Rand des Bewußtseins gedrängt. Und so wird schließlich der Tote von Familie, Anverwandten und dem Bereich seines früheren Lebens völlig isoliert in der Leichenhalle oder in der Zelle eines Friedhofgebäudes aufgebahrt.

Die Notwendigkeit solcher Maßnahmen, die u. a. die Vereinsamung des Menschen der Massengesellschaft ausweisen, ist in der Stadt seit langem nicht zu umgehen und selbst auf dem Lande ein Erfordernis geworden, seit auch dort die Wohnverhältnisse beengter wurden und die Verkehrsdichte auf den Straßen so zugenommen hat, daß der einst übliche Trauerzug vom Sterbehaus zur Kirche oder zum Friedhof kaum noch ohne Gefährdung für die Lebenden durchführbar ist.

Daß die der Aufbahrung und späteren Aussegnung der Toten dienenden Gebäude auf den kommunalen Friedhöfen simultanen Charakter und daher mit den alten Totenkirchen nichts mehr gemein haben, ist selbstverständlich. Aber selbst die entsprechenden Gebäude auf noch kircheneigenen Friedhöfen können nur noch in seltenen Fällen konfessionell einseitig genutzt werden, vor allem dann nicht, wenn ein kirchlicher Friedhof etwa im ländlichen Bereich Monopolcharakter hat und der Friedhofsträger dann nicht nur von Gesetzes wegen die Bestattung Andersgläubiger oder auch von Dissidenten erlauben, sondern dann für entsprechende Feiern auch die Friedhofshalle zur Benutzung freistellen muß. Eine Ausnahme bilden hier lediglich Friedhofs*kapellen* auf kirchlichen Friedhöfen, sofern sie auch anderen gottesdienstlichen Zwecken als den Begräbnisfeiern dienen und somit als rein kirchliche Gebäude anzusprechen sind. Nur bei Ihnen haben Angehörige anderer Konfessionen oder Konfessionslose keinen Anspruch auf Benutzung.

3 Friedhofskapellen

Trotz der eindeutigen Entwicklung zum säkularen Friedhofsbau geschieht es, daß heute wie einst auf konfessionellen Friedhöfen in geringer Zahl auch Friedhofs*kapellen* errichtet werden, die diese Bezeichnung zu Recht tragen. Das wird dort vorkommen, wo das Versammeln einer christlichen Gemeinde zum Anhören des Gotteswortes bzw. der Seelenmesse wegen der Entfernung zwischen Pfarrkirche und Begräbnisstätte auf Schwierigkeiten stößt. In solchem Falle hat die Friedhofskapelle dann allerdings auch den Charakter des Gotteshauses. Eine solche Kapelle als Ort gottesdienstlicher Handlung, in der auch das Sakrament gespendet wird, fordert vom Architekten Berücksichtigung liturgischer Notwendigkeiten, auf die bei einer Leichen- und Aussegnungshalle verzichtet werden kann.

Gerade wegen der Entfernung vom Kirchspiel — etwa in einer Diasporagemeinde — wird vielleicht sogar eine solche Friedhofskapelle nicht nur aus Anlaß einer Beerdigung, sondern auch zu anderen gottesdienstlichen Handlungen benutzt werden — von tiefem Sinngehalt sind Gottesdienste in einer solchen Friedhofskapelle etwa in der Karwoche oder auch am Ostermorgen ebenso an den Totengedenktagen wie Allerheiligen, Allerseelen oder dem Ewigkeitssonntag (im Volksmund »Totensonntag« genannt).

Die eindeutige Bestimmung als Friedhofs*kapelle* erleichtert einerseits die architektonische Aufgabe, weil man des Dilemmas der Zwitterfunktion enthoben ist, zum anderen aber taucht, wie bei allen Kirchenbauten, die 1965 während einer Tagung in der Evangelischen Akademie Loccum gestellte Frage auf: Fühlt sich die Kirche in den neuen Kirchen wohl? (Man entsinne sich des schnellen Wandels des Kirchenbaues der letzten Jahre in Idee und Form hin zum Gemeindezentrum.) Und da gerade bei kleineren Kirchenbauten — wie eben auch den Friedhofskapellen — nicht immer die qualifiziertesten Architekten herangeholt werden, sondern häufig solche, die etwa Schlagworte wie das von der Öffnung des Gottesdienstraumes — hier zu den Gräbern, zum Friedhof, hin — mißverstehen, finden wir allzuoft Räume, die kaum noch Anspruch auf diese Bezeichnung haben, die sich in's Ungeborgene öffnen, die durch Glaswände hindurch Pflanzbecken in den Innenraum hereinholen, so daß der Gummibaum im Gottesdienstraum als »neuprotestantisches Symbol geistlichen Wachstums« von dem Tübinger Professor für praktische Theologie D. Dr. Walter Uhsadel auf der genannten Tagung karikiert wurde. Solches Dilemma ist jedoch nicht auf eine Konfession bezogen; im katholischen Bereich hat die Liturgiereform viel Gutes, aber auch ebensoviel Unsicherheit gebracht. Am besten wird die Aufgabe noch dort gelöst, wo nicht mehr der unvollkommene Versuch unternommen wird, ein »Heiligtum« zu bauen, sondern einen Versammlungsraum. Auf der genannten Akademietagung in Loccum wurde zu Recht festgestellt, daß heute längst nicht mehr die Liturgie die bestimmende Kraft des Kirchenbaues ist, sondern der Ausdruck der modernen Kirche vom Architekten bestimmt wird. Zu Recht sagte der Architekt Lothar Kallmeyer (Marburg) auf jener Tagung: »Eine schlechte Architektur ergibt nie eine gute Kirche« [8] — umgekehrt hat Corbusier mit seiner Wallfahrtskirche in Ronchamp gezeigt, daß ein Nichtchrist (im kirchlichen Sinne) in der Lage war, eines der »sakralsten« Bauwerke unserer Zeit zu errichten.

Von ihrer geistigen und geistlichen Bedeutung her hat die Friedhofs*kapelle*, also das Gotteshaus, selbstverständlich eine weit dominierendere Stellung auf dem Friedhof als ein Gebäude zur Aufbahrung der Leichname und zu deren Verabschiedung. Während der Standort der simultanen bzw. profanen Friedhofsbauten oft in Eingangsnähe des Friedhofs am zweckmäßigsten sein wird, ist für eine Friedhofs*kapelle* in der dargelegten theologischen Sinngebung die Mitte der Anlage oder eine topographisch besonders betonte Stelle der gegebene Standort, so wie ja auch auf dem alten Kirchhof das Gotteshaus der geistige und gestalterische Mittelpunkt war. Daraus sollte man aber keine Regel ableiten, da die Beziehung zum Friedhof, d. h. zu den Gräberfeldern, ebenso wichtig ist. Der Standort sowohl der Aussegnungshalle als auch einer Friedhofskapelle ist bei Neuplanungen aufs engste mit der Konzeption der Gräberfelder, also der landschaftsgestalterischen Planung, verknüpft. Bei bestehenden Anlagen wird meist ein gutes Erreichen sowohl der alten als auch der neuen Friedhofsteile angestrebt.

Die Bedeutung der geistlichen Mitte bei den Friedhofs*kapellen* (nicht zu verwechseln mit den Feier- und Aussegnungshallen!) kann u. U. — wenn die geländemäßigen Gegebenheiten dem nicht entgegenstehen — vielleicht sogar durch einen Zentralbau besonders verdeutlicht werden. Man sollte sich daran erinnern, daß in frühchristlicher Zeit die Baptisterien, die Taufkirchen, und die

Grabkirchen – zumeist Gotteshäuser über einem Märtyrergrab – vielfach Rundbauten waren. Ein solcher Zentralbau konzentriert nicht nur die in ihm Weilenden auf die Mitte hin, der Kreis hat darüber hinaus auch im Hinblick auf die vorzunehmende Handlung einen tiefen Sinnbezug. Wird der Täufling beim Akt der Taufe in den Kreis der Gemeinde hineingenommen, so dokumentiert die Gemeinde, wenn sie sich *um* den Sarg eines ihrer verstorbenen Glieder gruppiert, daß sie den Körper wohl aus diesem Kreis entlassen muß, daß aber der Christ auch im Tod seiner Gemeinde zugehörig bleibt, was ja auch in den Gebeten sinnfälligen Ausdruck findet.

Aber auch der von der frühchristlichen Basilika herkommende Langbau als Wegarchitektur vermag Sinnbild der letzten, mit dem Toten gemeinsamen Feier zu sein, zumal, wenn der Weg durch die entsprechende Ausgestaltung des Gotteshauses auf Christus hinweist.

Keinesfalls ist jedoch der traditionelle Bezug auf Rundbau oder Langbau eine Forderung für die grundrißmäßige Gestaltung der Friedhofskapelle. Da bei einem längsgerichteten Raum die Trauergemeinde allzu leicht zum Zuschauer einer »Bühnenhandlung« an der Stirnseite des Raumes werden kann, spricht vieles für einen zentrierenden Raum, besser für einen auf den Sarg konzentrierten Raum, in dem alle Versammelten zu Beteiligten, Mitwirkenden werden können. Hier ist die mobile Einrichtung fast eine Notwendigkeit, damit die Abhandlung anderer, nicht mit einer Bestattung in Zusammenhang stehenden gottesdienstlichen Handlungen in ihren Möglichkeiten nicht beschränkt wird – am geeignetsten werden also auch hier anonyme Raumformen sein, wie Quadrat, stumpfes Rechteck, polygonaler Raum, etc., die verschiedene Aufstellungen des Mobilars ermöglichen solange keine herrschende Auffassung sich für diese (vielleicht aber aussterbende) Bauaufgabe durchgesetzt und gefestigt hat.

3.01 *Die Ausstattung einer Friedhofskirche oder Friedhofskapelle*

Die Ausstattung einer Friedhofskirche oder Friedhofskapelle, die über die Aussegnungsfeiern hinaus von der Kirchengemeinde als Raum für andere Gottesdienste benutzt wird, ist durch die Liturgie des Gottesdienstes vorgeschrieben. Der Altar ist dann eine Notwendigkeit, eine Kanzel kann errichtet, doch in einem kleinen Kapellenraum durchaus auf sie verzichtet werden. Der Altar als »Tisch des Brotes« ist dann gleichzeitig auch »Tisch des Wortes« der frohen Botschaft der Auferstehungsgewißheit, zumal auch in der neuen katholischen Liturgie der Priester hinter dem Altar mit dem Gesicht zur Gemeinde steht. In der christlichen Friedhofskapelle steht weiter über der Gemeinde bei der Aussegnungsfeier wie beim Gottesdienst das Siegeszeichen des Kreuzes mit oder ohne Korpus. Sonst aber sollte in der Friedhofskapelle Zurückhaltung mit Sinnbildern und Kunstwerken geübt werden.

Diese knappen Überlegungen zum Bau von Friedhofs*kapellen* mögen genügen, da es reichhaltige Literatur über den Kirchenbau gibt – und um einen solchen handelt es sich in diesem Falle. Anliegen dieser Veröffentlichung ist es dagegen weitmehr, Beispiele aufzuzeigen für jene weit häufigeren und auch aktuelleren Friedhofsbauten, die allgemein mit dem unschönen Wort »Leichenhalle« bezeichnet werden, die man besser jedoch Aufbahrungs- und Aussegnungshallen oder kurz: Friedhofshallen, nennen sollte.

4 Aufbahrungshäuser und Friedhofs-(Aussegnungs-)Hallen

4.01 *Das historische Leichenhaus —*
»Tempel des Schlafs«

»Ein Leichenhaus, ein Leichenhaus,
Ruft er aus vollem Halse aus,
Wir wollen nicht auf bloßen Schein
Beseitigt und begraben sein!«

Die »Schlesische Nachtigall« Friederike Kempner hat mit ihren Versen, die von ihr selber sehr ernst gemeint waren, über ein Jahrhundert stets Heiterkeit ausgelöst [9]. In einer aber durchaus ernst zu nehmenden Denkschrift begründet sie ihre von der Furcht vor dem scheintod Begrabenwerden diktierte Forderung nach dem Bau von Leichenhäusern mit durchaus sachlichen Vorstellungen [10]. Die Angst vor dem scheintod Begrabenwerden war also neben den katastrophalen Wohnverhältnissen in den aufkommenden Industriestädten, die sich rapid vergrößerten und eine Aufbahrung zu Hause kaum noch zuließen (Berlin – Paris – London – z. T. 4 qm Wohnfläche pro Kopf!) eine der wesentlichen treibenden Kräfte für die Überlegung, Leichenhäuser einzurichten. Vor allem aus diesen Gründen stellte man schon im 18. Jahrhundert nicht nur Überlegungen an über ihre Notwendigkeit, sondern auch über ihre Beschaffenheit und architektonische Gestaltung [11]. Als »Tempel des Schlafs« unterschied sich diese neue Kategorie von bisherigen Friedhofsbauten, vor allem den Mausoleen und Grüften, allein durch den Zweck.

4.02 *Die Aufbahrungshäuser unserer Zeit*

Das soeben geschilderte Herkommen der Leichenhallen aus dem späten 18. und 19. Jahrhundert ist noch bei vielen Neubauten in Süddeutschland festzustellen. Südlich der Mainlinie – besonders im bayerischen Raum – herrscht noch weithin die offene Aufbahrung vor, im dörflichen Bereich oft in der Aussegnungshalle selbst, bei größeren städtischen Anlagen in einer sogenannten Leichenhalle – wirklich eine Halle ohne Trennung in einzelne Aufbahrungszellen –, wo nicht nur die Angehörigen, sondern allzuoft auch persönlich Unbetroffene als nur neugierige Beschauer in einem sogenannten »Schaugang« an den hinter Glas – eben wie hinter einem »Schaufenster« – im offenen Sarg »ausgestellten« Leichen vorbeidefilieren können. Je nach gezahlter Gebühr ist dann der Sarg mit Lorbeerbäumen, Stechpalmen oder anderen ungeeigneten Gewächsen, abgestuft nach 1., 2. und 3. Klasse, umgeben.

Diese offene Zurschaustellung der Leichen kann zwar noch als urwüchsige Konfrontation mit dem Tode ausgelegt werden, sie hängt wohl auch noch mit der besseren Beobachtung der Verstorbenen im Hinblick auf die Angst vor dem Scheintod zusammen, kommt aber wohl darüber hinaus auch dem pomphaften Bedürfnis süddeutsch-barocker Mentalität entgegen. In neueren städtischen Anlagen, wo man selbst heute dort noch nicht zu Einzelzellen übergeht, versucht man zumindest durch vorgezogene Trennwandpfeiler oder buchtenförmige Anordnungen zumeist eine geringe seitliche Abschirmung für die Angehörigen zu geben, die vor dem hinter einer Fensterscheibe aufgebahrten Verstorbenen verweilen. Vorhänge bieten vielfach doch schon die Möglichkeit, eine ständige Zurschaustellung – ggf. auf Wunsch der Angehörigen – zu verhindern.

Nördlich der Mainlinie ist man da weniger öffentlich. Hier werden die Toten auf den Friedhöfen zumeist in Einzelkammern und dann auch in geschlossenen Särgen aufgebahrt [12]. Die Anzahl und Anordnung der Kammern richtet sich nach der Größe der Gemeinde. In der Regel liegen auch sie aneinandergereiht, so daß hinter den Zellen ein Arbeitsgang für das Personal ist, von dem auch die Särge in die einzelnen Aufbahrungskammern gebracht werden, während die Besucher aus einem eigenen Gang in die Kammern treten können, wobei hier ebenfalls vielfach innerhalb der Kammern eine Glastrennwand zwischen dem Aufbahrungsraum und dem kleinen Vorraum für die Besucher steht.

4.1 Der Bezirk der »Sepulkralarchitektur«

Aus dem Vorstehenden ist schon deutlich geworden, daß die heute noch vielfach sogenannten Leichenhallen [13] nicht etwa gebaut werden, weil die Kirche zu abseits läge, sondern weil in den Städten allgemein und vielfach auch auf dem Lande nicht mehr die Möglichkeit der Aufbahrung der Toten im Wohn- und Sterbehaus gegeben ist.

Die heutigen Wohnverhältnisse, gewandelte Lebensgewohnheiten, hygienische Argumente stehen allgemein einem Verbleiben des Toten im Haus bis zur Beerdigung ebenso entgegen wie dem »Leichenzug« nach der Aussegnung im Trauerhaus zum Friedhof die heutige Verkehrsdichte, die auf den Bundes- und Landstraßen auch das Dorf nicht verschont, dessen ländliche Idylle, nicht zuletzt durch diesen Umstand bedingt, endgültig der Vergangenheit angehört.

Die dadurch notwendig gewordenen, der Aufbahrung der Toten dienenden und für die Aussegnungs- oder Abschiedsfeier geeigneten Bauten auf den Friedhöfen sind nun nicht Gotteshaus wie die zuvor behandelten eigentlichen Friedhofskapellen, sondern zunächst Ersatz für das »Trauerhaus«, das gewesene Heim des Toten, in dem er einst aufgebahrt und ausgesegnet wurde [14].

Die ihrem Herkommen nach sehr unterschiedlichen, in ihrer Begriffsbestimmung heute jedoch verschwommenen und vielfach verwechselten, letztlich aber wieder gleicher Funktion dienenden Bauten: Friedhofskapelle bzw. Feier- oder Aussegnungshalle und Aufbahrungsraum, müßten streng genommen unterschiedlichen architektonischen Ausdruck finden. Unter Kapitel 3 wurde darauf hingewiesen, daß die Kapelle als Ort gottesdienstlicher Handlung die Berücksichtigung liturgischer Notwendigkeiten erfordert; der Aufbahrungsraum und die Aussegnungshalle können darauf verzichten.

In der Praxis muß hier jedoch schon ein Unterschied im Ablauf der Handlung bei der Beerdigung im Dorf, in der kleinen und mittleren Stadt und der Großstadt bedacht werden. Während auf dem Land häufig noch die von der Kirchenzucht und der kirchlichen Lebensordnung vorgesehenen Dienste: Geleit vom Trauerhaus oder vom Aussegnungsraum auf dem Friedhof zum Grab und der anschließende Gottesdienst in der Kirche, in dieser Reihenfolge durchgeführt werden, verschwimmen in der Stadt die ursprünglich im Sterbehaus vorgenommenen Handlungen der Aussegnung bzw. nach reformiertem Verständnis die Lektion mit der gottesdienstlichen Handlung der evangelischen Kirche zu einer einzigen in der »Feierhalle« auf dem Friedhof vor dem Geleit zum Grab und dem Ritual beim Begräbnis. Der anschließende Gang zur Kirche entfällt — aus »Zeitnot« (häufig auch des Geistlichen), aus Entfernungsgründen, eben aus praktisch empfundener und eingebürgerter Vereinfachung. Das Begräbnis endet also effektiv mit dem Beerdigen, einer vorwiegend hygienischen Handlung, nicht mehr mit dem kultischen Gottesdienst. Die strengere Liturgie der katholischen Kirche beugt weithin der Vermengung einst zeitlich getrennter Handlungen vor, das Totenamt wird zumeist noch in der Pfarrkirche vor oder nach dem Begräbnis gehalten; die zeitliche Reihenfolge ist jedoch auch hier nicht mehr eindeutig.

Die aufgabenmäßige Zwitterstellung der auch in der Benennung meist unklaren städtischen Friedhofsbauten ist wohl auch schuld an ihrer allzuoft unbefriedigenden baulichen Konzeption. Ist die von den verschiedenen Konfessionen, aber auch Freidenkern und weltanschaulichen Gruppen benutzte »Feierhalle« wegen der bei konfessioneller Benutzung einbezogenen gottesdienstlichen Handlung schon Kapelle, Kirchenbau? — Die eindeutige Zuordnung des geplanten Bauwerkes — vielleicht sogar noch auf einem kirchlichen Friedhof — als Friedhofs-kapelle und damit zum Sakralbau oder heute selbst auf dem Dorf weit häufiger als Aufbahrungs- und Aussegnungsraum zum Profanbau erleichtert die Formulierung der Aufgabe und damit ihre Lösung. Da in den letztgenannten Profanbauten auch bei simultaner Benutzung vor allem auf kommunalen Friedhöfen die in ihnen stattfindenden Feiern zumeist gottesdienstlichen bzw. kultischen Charakter haben, bestimmt sich von daher aber das Gesetz auch ihrer baulichen Gestaltung — das gilt besonders für den Innenraum —, das jedoch nicht mit Pseudosakralität, eher mit zurückhaltender Würde gleichzusetzen ist. — Konsequent müßte das auch auf jene Aussegnungshallen auf rein katholischen Friedhöfen zutreffen, die ja nicht »pro-fanus«, vor der Weihe, bleiben, sondern den Akt der Weihe erfahren. Ein solcher Akt der Weihe der Friedhofshalle auf einem katholischen Friedhof ist jedoch eigentlich ein »läßlicher« Brauch, da es sich ja auch hier nicht um einen Sakralbau handelt, sondern um ein Bauwerk, das an die Stelle des Sterbehauses getreten ist (von der zuvor behandelten Friedhofskapelle, die zugleich als Raum für andere Gottesdienste dient, ist hier ja nicht die Rede). Richtig wäre es nach katholischem Ritus vielmehr, wenn eine neu errichtete Friedhofshalle, bevor sie in Nutzung genommen wird, in einer Feierstunde nicht »geweiht«, sondern mit einem Segensgebet »gesegnet« würde, d. h. der Priester ruft den Segen Gottes auf dieses Haus und die Menschen, die hier tätig sind und ihr Tun [15]. Die Segnung einer konfessionellen Friedhofshalle bedeutet also keinesfalls, daß sie im formalen Gegensatz zu den vorgenannten Profangebäuden auf einem kommunalen Friedhof stehen [16]. Für die profane, simultan genutzte Aussegnungshalle kann bei ihrer Mitbenutzung durch einen katholischen Bevölkerungsteil jedoch durchaus die Segnung in einer religiösen Feier vollzogen werden, so daß es nicht notwendig ist, diese Segnung vor jeder Feier nach katholischem Ritus zu wiederholen.

In den meisten Fällen wird der zentrale Raum der Kultbauten auf dem Friedhof — oder wie wir abgrenzend formulierten: des »sepulkralen Baubezirks« — die Feierhalle sein, der die Aufbahrungskammern als Nebenräume zugeordnet sind. In neueren Planungen, so etwa denen des schon zitierten Professors Max Bächer und bei Ergebnissen von Seminararbeiten an seinem Lehrstuhl an der TU Darmstadt, trat jedoch auch schon die Feierhalle zugunsten der Aufbahrungsräume in den Hintergrund bzw. nahm sie nicht mehr die überragende Stellung ein. Das ist eine sich anbahnende Entwicklung, die in einem gewissen Sinne der bei kirchlichen Gemeindezentren gleicht.

4.11 Der Standort

Nicht nur bei Großstadtfriedhöfen sind die Hochbauten wesentliche architektonische Elemente, die zumeist starke Akzente setzen. Ihre Lage innerhalb des Friedhofs, also die Wahl des Standortes, ist von entscheidender Bedeutung. Kleinere Baukörper mit gegebenenfalls nur einem Aufbahrungsraum oder ein bis zwei Totenkammern (»Leichenzelle«: scheußlicher Ausdruck!) mit vielleicht anschließendem Geräteraum, wie sie im ländlichen Bereich häufiger vorkommen, können, da sie allein kaum architektonisches Gewicht erhalten, an andere Bauelemente, am besten an die u. U. vorhandene Friedhofsmauer, vielleicht innerhalb der Eingangssituation, angebunden werden. Auf Dorf- und kleinstädtischen Friedhöfen ist es dabei nicht immer möglich – und auch nicht notwendig – für die Leichenwagen eine getrennte Zufahrt zu den Totenkammern zu haben, damit gegebenenfalls die Friedhofsbesucher oder auch Trauergäste nicht den Antransport eines Toten im Auto sehen. Soweit braucht im ländlichen und kleinstädtischen Bereich sicher nicht die Rücksichtnahme auf die heute übliche Verdrängung des Todesgeschehens zu reichen, zumal Leichentransporte bei uns nur in geschlossenen Särgen erfolgen. Wo es die Größenordnung zuläßt, sollte man jedoch eine getrennte Zufahrt zu den Totenkammern und auch dem Geräteraum anstreben.

Häufig ist die Eingangsnähe eine geeignete Plazierung auch für größere Aufbahrungs- und Aussegnungshallen – also auch im großstädtischen Bereich –, zumal wenn sie auf städtischen Friedhöfen mit Betriebsgebäuden zu einem architektonischen Gesamtkomplex zusammengefaßt werden – was für die Gemeinde eine zumeist nicht uninteressante Kostenminderung bedeutet. Für An- und Abfahrt wird bei einer Standortwahl innerhalb der Eingangssituation zumeist auch die günstigste Verkehrsanbindung gegeben sein. In jedem Falle wird hier die Zusammenarbeit von Landschaftsarchitekt und Hochbauer zum besten Ergebnis führen.

Gerade die bei größeren städtischen Friedhofsanlagen notwendige gesonderte Betriebszufahrt kann jedoch auch eine verschiedene Situierung der funktionell unterschiedlichen Gebäudeteile erfordern oder fördern.

Ergibt es sich aber, daß bei wohldurchdachtem Plan die Feierhalle im Eingangsbereich errichtet wird, dann steht sie nicht nur »auf der Schwelle« zwischen dem Bereich der Lebenden vor der Friedhofsmauer und dem Ruheort der Toten hinter ihr, sondern dann hat diese Lage voraussichtlich in vielen Fällen auch praktische Vorteile für die Anfahrt der Leichenwagen, aber auch der Pkw's, die nicht erst den Friedhof – auf besonders ausgebauten Fahrwegen – durchqueren müssen; die Versammlung der Trauergemeinde kann hier leichter erfolgen; doch ist bei städtischen Anlagen dafür oft bei der Beerdigung der Weg mit dem Sarg zum Grab weiter als bei einem mitten im Friedhof gelegenen Bau. Bei großen Friedhöfen kann also die Wegspanne von der Aussegnungshalle zu den Gräberfeldern von größerer Bedeutung sein als gewisse Vorteile eines Standortes am Eingang oder in Eingangsnähe. – Mammutfriedhöfe mit mehreren Aussegnungshallen, wie sie in einer Vielzahl etwa auf dem Ohlsdorfer Friedhof in Hamburg vorkommen, werden heute im allgemeinen nicht mehr angelegt.

Der Standort des »sepulkralen« Baubezirks, also der Aufbahrungskammern und der Feierhalle, hängt mithin weitgehend von der Geländesituation und damit von der Gesamtplanung ab. Bauten im Eingangsbereich sind ebenso denkbar und möglich wie Bauten im Mittelpunkt oder an anderer Stelle; die Gesamtkonzeption kann es sogar erfordern, daß die Bauten an die Peripherie gedrängt werden, um den landschaftsgestalterischen Gesamteindruck des Friedhofs möglichst wenig zu beeinträchtigen. Selbst »Erdarchitekturen«, d. h. Hügel, unter denen Grabkammern und Halle liegen, wären denkbar; sie würden zu einer Unterordnung der Architekturglieder führen. Für Hanggelände liegen heute schon Entwürfe vor, bei denen man bei den Bauten so stark in den Anschnitt geht, daß ihre Dächer wieder mit Erde und Pflanzungen überzogen werden [17].

Eine Friedhofs*kapelle,* auf einem konfessionellen Friedhof, mit meist angebautem Aufbahrungsraum (da nach den gesundheitspolizeilichen Vorschriften die Toten nicht direkt in der Kapelle aufgebahrt werden sollen), müßte dagegen konsequenterweise wie einst die Kirche als geistiger und gestalterischer Mittelpunkt im Kirchhof auch im Zentrum des Friedhofs errichtet werden. Ihre Ausrichtung sollte allein nach den geländemäßigen und gesamtgestalterischen Bedingungen, also auch im Hinblick auf die beste Erschließung der Gräberfelder, vorgenommen werden (auch im Kirchenbau ist die Ostung heute nicht mehr zwingend). Ein genügender, von Gräbern unbelegter Freiraum um einen zentral gelegenen Bau ist erforderlich.

Letztlich sind allein die örtlichen Gegebenheiten für den Standort sowohl einer Aussegnungshalle als auch einer Friedhofskapelle ausschlaggebend. Das gilt besonders für bewegtes Gelände. Eine Geländeerhöhung, eine vorhandene Wegeachse, eine auf den Siedlungsort, vielleicht eine Wallfahrtskirche oder einen anderen beziehungsvollen Punkt gerichtete Blickschneise vermögen den Standort zu bestimmen. In jedem Falle ist bei der Platzwahl auf spätere Erweiterungen des Friedhofs Rücksicht zu nehmen. Bei Neuanlagen sollten Wegeachsen ohne Vorbedingung möglichst vermieden werden.

4.12 *Das Raumprogramm*
Wir beginnen hier bewußt mit Hinweisen auf das aus der Funktion sich ergebende Raumprogramm und die vom Handlungsablauf her bestimmten Grundrisse, da von ihnen weitgehend die Bauaufgabe zu entwickeln ist.

Aus den schon genannten Gründen wird heute selbst im Dorf der Aussegnungsraum ungern entbehrt. Bei kleinen Dorfgemeinden genügt jedoch oft ein Raum für die Aufbahrung von ein bis zwei Toten, ein Geräteraum wird angrenzen. Notwendig ist es, dann den Vorplatz so auszugestalten, daß hier die Trauergemeinde sich versammeln und die Aussegnung vorgenommen werden kann. Unter Umständen ist das Dach, ggf. von zwei Pfosten oder Pfeilern abgestützt, vorgezogen, damit Sarg und Geistlicher während der Aussegnung dort wettergeschützt sind. – Dieses kleinste Raumprogramm ist nur in solchen Dorfgemeinden möglich, wo der Geistliche schon in der Amtstracht zum Friedhof zu kommen vermag; sonst ist zumindest ein Umkleideraum für den Pfarrer notwendig.

Raumprogramme richten sich ganz nach der Größe der Gemeinde und den örtlichen Erfordernissen. Das gilt nicht nur für die Größe der Feierhalle oder gar der Feierhallen, sondern vor allem für die Zahl der Aufbahrungskammern, die heute zumindest in den Städten höher angesetzt werden muß, da dort an den Samstagen kaum noch Bestattungen vorgenommen werden — die Dienstzeiten gleichen sich auch hier denen anderer öffentlicher Dienstleistungsbetriebe an [18]. — Neben dem Raum für den Geistlichen ist auf dem Dorf kaum, aber vielleicht schon in der Stadt mittlerer Größenordnung ein Warteraum für die Hinterbliebenen angebracht, der auf den Bezirksfriedhöfen der Großstädte ebenso wie Warteräume für die Träger eine Notwendigkeit ist. In manchem Dorf wird neben dem Geräteraum ein weiterer Raum für den Sargwagen erforderlich sein. Ein eigener Sezierraum ist dagegen im ländlichen Bereich selten nötig; gegebenenfalls kann eine Aufbahrungskammer entsprechend ausgerüstet werden. Ein Aufenthaltsraum für den Friedhofswärter bzw. ein oder mehrere Verwaltungszimmer werden erst bei städtischer Größenordnung notwendig, doch soll in dieser Veröffentlichung ja bewußt auf Angaben und Hinweise über die Planung der Verwaltungs- und Wirtschaftsgebäude verzichtet werden. Dafür werden Hinweise im Literaturverzeichnis gegeben.

4.13 *Aussegnungsraum — Feierhalle*

Beginnen wir mit dem vom Bauvolumen und für viele wohl auch vom Sinngehalt her bedeutendsten Gebäudeteil des »sepulkralen Bezirks«. Die Größe des Aussegnungs- oder Feierraums richtet sich nach der Bevölkerungszahl der Gemeinde bzw. des Stadtbezirks. In sehr kleinen Dorfgemeinden kann der schon erwähnte Aufbahrungsraum für ein bis zwei Särge mit überdachtem Vorplatz genügen. Ist der Größe der Gemeinde entsprechend ein Aussegnungsraum erforderlich, dann werden 40 qm das Minimum sein. Vielleicht darf man als grobe Faustregel sagen, daß man beim Dorf — falls es nicht eine reine Agrarstruktur hat, was immer mit einer besonders hohen Teilnahme an den Beerdigungen gleichbedeutend ist — mit einer Feierraumfläche von etwa 40 bis 50 qm, genügend für 10 bis 25 Sitze und etwa 30 Stehplätze, auskommt, bei größeren Gemeinden und kleineren Städten benötigt man 100 bis 150 qm mit entsprechend etwa 50 bis 100 Sitzplätzen und gegebenenfalls einer angemessenen Anzahl von Stehplätzen. Eine Rolle spielt bei solchen Überlegungen, ob ein überdeckter Vorraum eingeplant wird; das schon erwähnte vorgezogene Dach — als zumindest regengeschützte Raumerweiterung — ist auch bei Aussegnungshallen bis zur mittleren Größe zweckmäßig. Bei großstädtischen Anlagen wird die Fläche des Feierraums u. U. 300 bis maximal 400 qm umfassen müssen; darüber hinaus wird man nicht zu gehen haben. Grundsätzlich sind Größe des Raums und Anzahl der Sitzplätze nach durchschnittlichem Bedarf bei Beerdigungen in der Gemeinde zu errechnen; die Bevölkerungsstruktur hat darauf erheblichen Einfluß — vielfach haben Beerdigungen auf dem Lande eine größere Teilnehmerzahl als in den Städten; es sei denn, daß es sich in der Stadt um Bestattungen prominenter Persönlichkeiten handelt.

Obwohl man von den Zentralfriedhöfen abrückt, kann es auch auf einem großstädtischen Bezirksfriedhof erforderlich werden, daß die hohe Anzahl der Bestattungen pro Tag mehrere Feierräume — möglichst unterschiedlicher Größe — notwendig macht. Auch hier ist gegebenenfalls ein Stau durch die bestattungsfreien Samstage zu berücksichtigen [19].

Die vorgenannte Auffassung und die daraus resultierenden groben Richtwerte haben sicher auch noch ihre Gültigkeit nach Abschluß der in mehreren Bundesländern angelaufenen Gebietsreform mit der Zusammenlegung von ländlichen Gemeinden zu größeren Verwaltungseinheiten, da die ehemals selbständigen Gemeinden und nunmehrigen Ortsteile allgemein ihren eigenen Friedhof in bisheriger Größenordnung beibehalten. Das wird nicht überall neue gemeinsame Anlagen für mehrere Ortsteile ausschließen.

4.131 *Der Grundriß des Feierraums* wird durch den Ablauf der Aussegnungshandlung bestimmt; er kann aber auch selbst günstigen Einfluß auf die Handlung ausüben. Sowohl der Zentral- als auch der Längsraum haben ihre Berechtigung [20]. Veranlaßt der Raum, daß sich die Anwesenden um den Sarg herum versammeln, dann schließt sich noch einmal der Kreis der Glaubens-, der Ideen-, der Lebensgemeinschaft oder der Familie um den Toten. Der längsgerichtete Raum vermag in anderer Weise als *Wegarchitektur* Sinnbild der letzten mit dem Toten gemeinsamen Feier zu sein — in besonders hohem Maße, wenn es sich um einen *Durchgangsraum* handelt, der andeutet, daß der Tote an der endgültigen »Schwelle« noch einmal kurz verharrt, während der Geistliche ihn aussegnet oder ein Sprecher letzte Worte sagt, ehe er zu Grabe getragen und in die Erde gebettet wird. Die Anordnung eines gesonderten Ausganges an der dem Eingang gegenüberliegenden Stirnseite oder an seiner Seitenwand ist also sinnvoll und zumeist auch wegen des leichteren funktionellen Ablaufs zweckmäßig.

In Gemeinden mit häufig sehr unterschiedlicher Teilnehmerzahl bei den Aussegnungs- oder Abschiedsfeiern kann der Einbau von Falt- oder Schiebewänden angebracht sein. Das ist dann schon bei den Grundrißüberlegungen zu berücksichtigen, damit auch bei vorübergehender Reduzierung eine angemessene Raumwirkung erhalten bleibt.

4.132 *Die Belichtung des Feierraums*

Die auch in der Nutzung der säkularen Feierhalle bei uns noch überwiegend christliche Gemeinde bekennt sich zu einem Herrn, der vom Tode auferstanden ist und dem Tode die Macht genommen hat. Der Raum, in dem dies bekundet wird, darf nicht düster sein. Diese Forderung gilt gewiß gleichermaßen bei weltlichen Abschiedsfeiern. Bei aller Schlichtheit sollte der Feierraum durch Lichtführung, Farbe und Raumgestaltung dem Geist getrösteter Zuversicht Ausdruck geben. Der fest umschlossene, keine Ablenkung zulassende, zur Besinnung zwin-

Grundrißbestimmende Funktionsschemata für Feierräume

Tauf- und Grabkirchen waren seit frühchristlicher Zeit häufig Zentralbauten. Der neu in die Gemeinde aufzunehmende oder von ihr zu verabschiedende Mensch war jeweils Mittelpunkt der Gemeinde.

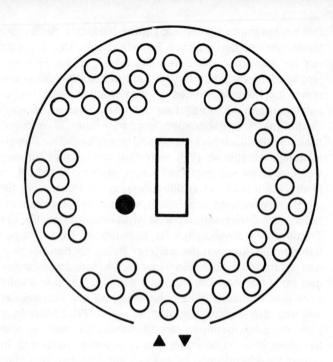

Variante 2 Der Zentralraum ist nicht auf Durchgang angelegt, Eingang und Ausgang erfolgen durch die gleiche Pforte. Der Sarg ist in der Mitte des Raumes abgestellt, der Geistliche steht neben ihm, die Teilnehmer an der Feier gruppieren sich rings um den Sarg — eine sehr christliche Aussage: der Mensch wird auch im Tode nicht aus der Gemeinschaft der Gläubigen entlassen, die ihn schützend umgibt. Der gleiche Bezug kann auch für eine Ideen-, Lebens-, Familiengemeinschaft oder einen Freundeskreis gelten.

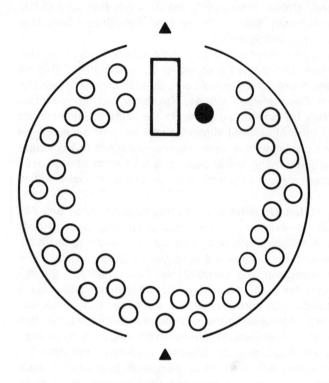

Variante 1 Der Sarg mit dem Toten ist noch einbezogen in den Kreis der Gemeinde. Der Durchgang durch den Raum und das Abstellen des Sarges vor dem Ausgang weisen aber schon auf die Endgültigkeit des Heraustretens aus diesem Kreis hin. Der Geistliche steht einbezogen in den Kreis neben dem Sarg.

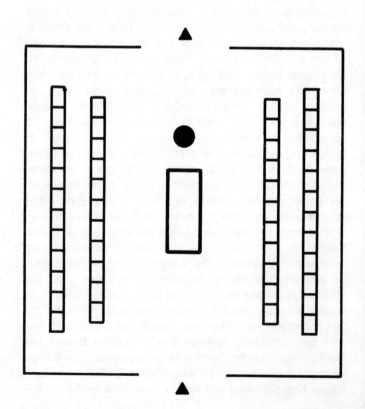

Variante 3 Der quadratische Raum hat selbst als Durchgangsraum nicht die Bedeutung der Wegarchitektur, wie etwa bei der Basilika. Auch er ist wie der Zentralraum stärker auf die Mitte bezogen. Das sollte durch die Anordnung der Sitze dokumentiert werden, die auf den in der Mitte abgestellten Sarg gerichtet sind. Eine Anordnung, die sich vor allem für kleinere, ländliche Aussegnungsräume eignet. Der Geistliche steht vor dem Sarg. Beim Gang zum Grab wird er an der Spitze gehen, der Sarg ihm folgen, dem sich dann die Angehörigen und die Gemeinde anschließen. ▶

Variante 4 Der längsgerichtete Raum ist Wegarchitektur, besonders sinnfällig, wenn es sich um einen Durchgangsraum handelt. Der Sarg ist in der Mitte aufgestellt, der Pfarrer steht vor ihm, um nicht den Toten, sondern die Gemeinde mit dem Wort der Verkündigung anzusprechen. Der freie Mittelgang unterstreicht die Wegarchitektur.

Variante 6 Bei einem seitlich angeordneten Durchgangsweg kann der Sarg durchaus seitlich der Gemeinde aufgestellt werden. Die sterbliche Hülle hat dann nicht mehr die gleiche Bedeutung, wie das Wort der Verkündigung, das etwa nach streng protestantischem Verständnis »vor der Gemeinde« steht.

Variante 5 Örtliche Gegebenheit läßt oft die Möglichkeit eines direkten Durchgangs in gerader Führung nicht zu. Dennoch sollten aber nach Möglichkeit Ein- und Ausgang nicht identisch sein. Sind Ein- und Ausgang, wie in diesem Beispiel, abgewinkelt angelegt, dann sollte man den Sarg, vor allem bei kleineren Hallen, gleich in Ausgangsrichtung aufstellen, um Schwenkmanöver zu vermeiden.

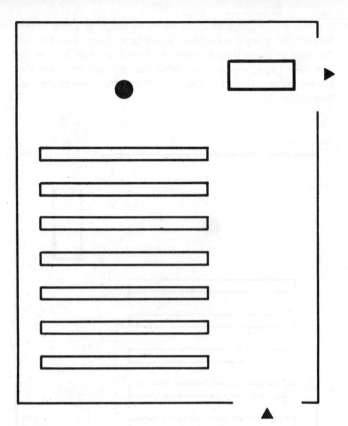

Variante 7 Auch bei dieser seitlichen Wegeführung mit abgewinkeltem Ausgang steht nicht der Sarg als »Pseudoaltar«, sondern der Geistliche als Vermittler des Wortes der Verkündigung vor der Gemeinde.

gende Raum (Cella) wird bei hoch liegenden Lichtbändern zumeist sinnentsprechend sein, doch wird bei örtlicher Gegebenheit ein transparent zur Friedhofslandschaft sich öffnender Raum, der nicht beengt, manchen Trauernden durch den Blick in die Natur zu trösten vermögen. Bei Fensterglaswänden ist Vorsicht vor farbigem Glas anzuraten; will man das Abschweifen der Blicke und die Einsicht verhindern, dann bietet sich helles Rohglas an.

Wenn auch das natürliche Tageslicht am geeignetsten für die Belichtung ist, so kann doch auf elektrische Beleuchtung kaum verzichtet werden. Doch soll sie lediglich dazu dienen, bei Dunkelheit das Lesen auf allen Plätzen zu ermöglichen. Effektvolle Lichtwirkungen sind abzulehnen. Bei der Wahl der Beleuchtungskörper denke man stets an ein Bonmot von Stephan Hirzel: »Die Leuchten sind das finsterste Kapitel in unserer Zeit«.

4.133 *Der Ausstattung der Feierhalle,* zumal wenn sie auf kommunalem Friedhof simultaner Benutzung offensteht, fehlt die Eindeutigkeit christlich-liturgisch bestimmter Räume, an die man sich meist konfus und pseudosakral anlehnt. Für die Einrichtung ist die Widmung des Raumes entscheidend. Da in ihm, außer den Aussegnungsfeiern, Gottesdienste im weiteren Sinne nicht stattfinden, vor allem kein Abendmahl gereicht und die katholische Totenmesse meist in der Pfarrkirche gehalten wird, ist der Tisch des Herrn, der Altar, nicht erforderlich. Ein altarartiges Gebilde lediglich als Ablage für Bibel oder Agende

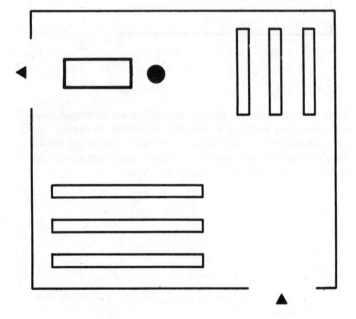

Variante 8 Auch hier sind Ein- und Ausgang im Winkel angeordnet. Die Möglichkeit wurde wahrgenommen, die Gemeinde von zwei Seiten aus auf Sarg und Pfarrer auszurichten. Die Beziehungen werden damit, wie bei den Varianten 1 bis 3 intimer, die Gemeinde ist weniger auf ein »kurzes Verharren« beim Geleit des Toten zum Grabe festgelegt.

Variante 9 Hier gilt das zur Variante 8 Gesagte. Die Möglichkeit des Ausgangs nach verschiedenen Seiten in Richtung zum jeweiligen Gräberfeld (Beispiele Beverungen und Würgassen im Abbildungsteil) bestimmt dann die jeweilige Stellung des Sarges.

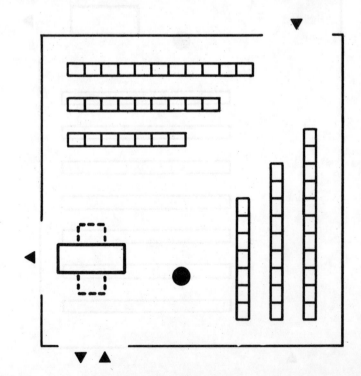

des Geistlichen ist eine Entwürdigung. Ein apsisartiger Aus- oder Anbau ist unbegründet. Auch eine erhöhte Kanzel ist fehl am Platze, jedoch sollte ein Ambo oder schmales Lesepult nahe dem Aufbahrungsplatz aufgestellt werden. Es muß genügend Platz für Bibel, Agende und Gesangbuch und möglichst eine Ablage für die Kopfbedeckung des Pfarrers haben. Das Kreuz als christliches Siegeszeichen über den Tod kann an der Stirnwand befestigt sein oder über dem Sarg von der Decke hängen. Auch kann man ein Vortragekreuz zu Häupten des Sarges in ein im Boden vorgesehenes metallummanteltes Loch stecken. In jedem Fall ist es angebracht, bei der heute fast ausschließlich simultanen Benutzung der Feierhallen, die Befestigung oder Aufhängung des Kreuzes »mobil« vorzunehmen, denn wenn es auch eines der archetypischen Symbole der Menschheit ist und seine entsprechende Bedeutung auch im vor- und nichtchristlichen Bereich hat, so kann man es dennoch nicht Andersgläubigen oder -denkenden aufzwingen. Überhaupt ist im Hinblick auf Sinnzeichen und Sinnbilder oder eine sonstige künstlerische Ausstattung des Feierraums größte Sparsamkeit geboten. Nur wenige, möglichst einkerzige gut gestaltete Leuchter gehören zur festen Ausstattung für das Aufstellen neben oder hinter dem Sarg. Mit Dekoration ist äußerste Zurückhaltung zu üben (auch die Kränze und Blumen sollten um den Sarg so angeordnet werden, daß sie nicht den Raumeindruck stören oder Sarg und Pfarrer bzw. Sprecher von der Gemeinde trennen). Hier und da ergeben sich Möglichkeiten, etwa an einer Wand des Vorraums, Kranzhalter anzubringen – aus Eisen, Bronze oder einfach durch vorkragende Steine –, auf die beim Kommen die Trauergäste ihre Kränze hängen, um sie nach der Aussegungsfeier wieder selbst mit zum Grab zu nehmen oder hängen zu lassen; sie werden dann in den Städten vom Friedhofspersonal zum Grab gebracht. Grundsätzlich sollte man sich darüber im klaren sein, daß Zurückhaltung in der Dekoration von gutem Geschmack zeugt, das Wesentliche – nämlich der Tote – wird dann nicht »totgeschlagen«. Pomp ist, nicht nur angesichts des Todes, eine Geschmacklosigkeit.

Zum Abstellen des Sarges kann ein festes Podest gesetzt werden. Den gleichen Dienst können auch zwei einfache, transportable Metallböcke erfüllen, falls nicht der Sarg schon während der Feier auf einem niedrigen, meist ja verhängten – warum eigentlich, wenn er anständig ist? – Bahrwagen stehen soll. Die üblichen durch die Pietätversandhäuser angebotenen Bahrwagen – Marke »Heimkehr« etc. – sind allerdings für Aufbahrungszwecke während der Feier in der Aussegnungshalle meist zu hoch [21].

Der Standort des Sarges richtet sich weithin nach dem Grundriß des Raumes (vgl. die vorausgegangenen Funktionsschemata. Bei einem zentral angelegten Raum kann er sinnvoll auch in dessen Mitte sein; der Pfarrer (Sprecher) steht an der Seite des Sarges und die Gemeinde versammelt sich im Kreis um ihn. Bei einem Lang- oder Querraum braucht der Sarg keineswegs in der Mittelachse, etwa vor der Gemeinde wie ein Pseudoaltar erhöht, mit dem Pfarrer dahinter oder davor zu stehen. Eine seitliche Anordnung kann sinnvoller sein. Das gilt besonders dann, wenn man der Geschlossenheit der Gemeinde wegen auf einen Mittelgang verzichtet und dafür einen breiten Seitengang läßt. Durch die Aufstellung des Sarges in seiner Verlängerung werden auch alle Schwenkungen beim Hinaustragen vermieden. Das gilt besonders, wenn entsprechend dem sinnbildlichen Verharren des Toten auf dem Wege zum Grabe an dieser Stelle letzter gemeinsamer Feier ein Durchgangsraum entworfen wird, von dessen Eingangsseite Sarg und Gemeinde hereinkommen, um nach der Aussegnung den Raum durch die bewegliche Stirnwand oder ein Tor in ihr in der Reihenfolge Pfarrer (beim christlichen Begräbnis), Sarg, Gemeinde zu verlassen.

Bei einer »Durchgangs«-Feierhalle städtischer Größenordnung wird der Sarg stets vor der Gemeinde, d. h. in dem unbesetzten Raum vor der Stirnwand, abgesetzt werden, dagegen kann bei kleinen dörflichen Bauten dieser Art, der Sarg durchaus in der Raummitte abgestellt werden, so daß sich die Angehörigen mit dem Blick zu ihm auf beiden Seiten auf vorhandene Stuhlreihen setzen. – Gänge und Türen, durch die der Sarg getragen oder gefahren wird, müssen mindestens eine lichte Weite von 2,10 m (bei dörflichen Bauten), besser darüber haben; Stufen sind zu vermeiden.

Ob man sich für *Sitzbänke* oder eine *Bestuhlung* entschließt, ist nicht nur Geschmacksache des Architekten, sondern wiederum von der Norm der örtlichen Aussegnungsfeiern, insbesondere aber auch von der Raumkonzeption der Feierhalle abhängig. – Mit dem Einbau festen Gestühls in die Kirchen hat der Raumeindruck oft gewaltige Einbußen erlitten, weil es sich nun nicht mehr, wie beim losen Stuhl, um mobile Bestandteile handelte, sondern das Gestühl eine Bedeutung als »Sekundärarchitektur« bekam, die eine Ordnung schaffte, die häufig nichts mit der architektonischen Ordnung des Raumes zu tun hatte. In der Friedhofshalle hat das lose Gestühl darüber hinaus den Vorteil, daß es in verschiedenen Sitzordnungen aufgestellt werden kann: im Kreis um den Sarg, beiderseits des Sarges, frontal zum Sarg, nur wenige Stühle und viele Stehplätze z. B. bei übergroßen Beerdigungen.

Eine Bestuhlung ist also variabler, vor allem wenn die Größenordnungen der Trauergemeinden sehr differenziert sind. So sehr es also anzustreben ist, den Feierraum flexibel einzurichten, also zugunsten der Variabilität und Mobilität auf starre, gar festmontierte Bankreihen zu verzichten, die unabänderliche Richtung vorschreiben und die Freiheit der Bewegung blockieren, sind Bänke deswegen nicht in jedem Fall auszuschließen. Bei ländlichen Friedhofsbauten geringer Größenordnung kann es sogar von Vorteil sein, sie von vornherein in die Konzeption des Entwurfs einzubeziehen. Sie haben dann u. U. den Vorteil, daß sie in ihrer strengeren Ausrichtung sich auch der Konzeption der Raumwirkung eines nur kleinen Raumes und seiner gedachten Wirkung einfügen und daß sie bei fester Montierung durch ihre Unverrückbarkeit an das architektonische Ordnungsprinzip gebunden bleiben. Ein annehmbarer Kompromiß zwischen den beiden Möglichkeiten der Bestuhlung und der Sitzbänke können vor allem für dörfliche Bauten kurze, etwa dreisitzige Bänke sein, die eine gewisse Variation noch zulassen. Wie später noch auszuführen sein wird, haben außerdem Bänke in ländlichen Friedhofshallen im Hinblick auf die meist nur seltenen, kurzzeitigen Aufheizungen im Winter den Vorteil der einfachen Anbringung von Infrarot-Sitzbankstrahlern. – Kniebänke sind in den Aussegnungshallen auch in Gebieten mit überwiegend katholischer Bevölkerung nicht notwendig, da die Totenmessen ja in der Pfarrkirche gehalten werden. Gegebenenfalls kann man eine Kniebank einer ersten Stuhl- oder Bankreihe, auf der gewöhnlich die Angehörigen Platz nehmen, vorsetzen für den Fall, daß die Toten bei kleinen Anlagen schon im Aussegnungsraum aufgebahrt werden oder daß vor der eigentlichen Aussegnungsfeier die Angehörigen allein hier noch mit ihrem Toten verweilen wollen.

Als *Musikinstrument* wird das Harmonium heute allgemein zu Recht abgelehnt – nicht nur, weil es in Bauten des ländlichen Bereichs auch all zu sehr den Temperatur- und Feuchtigkeitsschwankungen unterworfen ist. Orgelpositiv oder Kleinorgel sollten nicht im Angesicht der Gemeinde Aufstellung finden. Elektronische Orgel und Stereoanlagen sind heute schon häufig verwandte Möglichkeiten einer musikalischen Umrahmung der Feier, zumal ihre Wiedergaben vom Original nicht zu unterscheiden sind.

Die *Akustik* ist für Wort, Lied und Musik von Bedeutung. Die gewählten Baumaterialien sind für sie ebenso wie die Raumdispositionen entscheidend. Bei größeren Räumen sollte ein besonderer Fachmann für Akustik hinzugezogen werden [22].

Die *Heizung* der Feierhallen wird örtlich, d. h. nach Raumgröße und Benutzungsfrequenz sehr unterschiedlich sein. Sie kann von der Vollklimatisierung von Bauten auf großstädtischen Anlagen mit fortlaufender Benutzung bis zu einfachen Sitzbankstrahlern für Kurzzeitbeheizung ländlicher Friedhofshallen reichen. Da man im Winter beim Betreten des Feierraums die Überkleidung normalerweise nicht ablegt und nach nicht zu langer Zeit an das offene Grab geht und dort oft im Zugwind steht, können stark geheizte Friedhofshallen sich gesundheitsgefährdend auswirken. Folglich sollten auch auf den städtischen Friedhöfen die Feierhallen nur »überschlagen« gewärmt werden. Die Heizungsanlage ist so unauffällig wie möglich anzubringen. In vielen Fällen wird das Gegebene eine Fußbodenheizung sein. Für die kurzzeitige Aufheizung mit Unterbrechung, wie sie im ländlichen Bereich vorherrscht, sind aufwendige Luftumwälzer nicht immer geeignet, da die Wärme dann nach oben steigt und die eigentliche Sitzzone kühl bleibt. Hier sind eine Fußbodenheizung oder Fußleistenheizung als Grundlastheizung Voraussetzung für den Luftumwälzer. Die einfachste Lösung, die zugleich die am wenigsten aufwendige ist, wird für die ländliche Feierhalle Infrarot-Sitzbankstrahler sein, die unter den Bänken montiert werden und für die ein normaler Stromanschluß für 220 Volt genügt. Für den laufenden Meter dieser Strahler benötigt man etwa eine 400-Watt-Leistung. Vor dem Heizkörper liegende Blenden führen die Wärmeausstrahlung zu den Füßen und erwärmen gleichzeitig die Sitzbänke. Diese Methode ist einfach, sparsam und sinnvoll.

Zusammenfassend muß man zur *Raumgestaltung* der Aussegnungs- und Feierhallen feststellen: Sie ist auch in der kleinsten Ausführung eine anspruchsvolle Aufgabe. Sie erfährt weithin ihre Vorbedingungen aus der Funktion, aber auch aus der Umgebung, in die sie eingegliedert werden muß. In besonderen Fällen können enge Beziehungen nach außen zum Naturraum bzw. dem durch Pflanzen bestimmten Friedhofsbild angestrebt werden, z. B. durch Transparenz oder Öffnen von Wänden, u. U. mit dem Blick auf einen besonders gestalteten Freiraum. Gemeinhin wird es sich aber als richtig erweisen, zumindest die Stirnwand in der Blickrichtung der Gemeinde, auch wenn sie vielleicht das Durchgangstor zum Friedhof enthält, als geschlossene Wand auszuführen, damit die Trauergemeinde nicht abgelenkt wird, sondern sich der Feierhandlung gemäß konzentrieren kann.

Unter großstädtischen Verhältnissen können mehrere Feierräume im gleichen Baukomplex durch die hohe Zahl und damit schnelle Folge der Aussegnungs- oder Verabschiedungsfeiern notwendig sein. In solchen Fällen ist eine Größendifferenzierung zweckmäßig. Doch gleichgültig wie groß die Anzahl der Feierräume ist, stets müssen sie funktionell so mit den übrigen Gebäudeteilen in Beziehung stehen, daß Vorbereitung und Ablauf der Feiern, also das Einbringen des Sarges und sein Aufstellen, das Hereinkommen und Platznehmen der Trauergemeinde, gegebenenfalls gesondert der Angehörigen und des Geistlichen (was eine günstige Verbindung zu den Warteräumen voraussetzt) und schließlich das Aufnehmen des Sarges und sein Hinausbringen mit »selbstverständlichem« Anschluß in der richtigen Folge des Trauerkondukts, schnell und folgerichtig durchgeführt werden können. Der Ausgang der Feierhalle muß einen unmittelbaren guten Anschluß an das Wegenetz der Friedhofsanlage haben, so wie ihr Eingang vom Friedhofstor durch optische Führung leicht erreichbar sein muß. Auch hier wird wieder die notwendige Zusammenarbeit zwischen dem friedhofplanenden Landschaftsarchitekten und dem Architekten deutlich.

4.14 Aufbahrungskammern

Hat vom Bauvolumen her die Feierhalle im »sepulkralen« Baubereich ihre besondere Bedeutung, so ist – wie zuvor ausführlich dargelegt – die Aufbahrung der Toten bis zu dem Zeitraum der Bestattung ein der Feier zumindest gleichrangiges Anliegen im Programm heutiger Friedhofsbauten; das bestimmt die Sorgfalt, die auf die hierfür bestimmten Räume in Planung und Ausführung gelegt werden muß. Und so wie Ein- und Ausgang der Feierhalle der Folge des Feier- und Bestattungsvorganges entsprechend mit der Wegeführung des Friedhofs konform zu planen sind, so müssen bei der Planung der Aufbahrungsräume der Antransport, das Einbringen des Sarges und schließlich auch sein späteres Verbringen in die Feierhalle vorbedacht werden.

Die Zahl der Aufbahrungskammern bzw. der Abstellplätze für die Toten richtet sich nicht nur nach der Größe des Einzugsgebietes des Friedhofs und der prozentualen Sterblichkeitsziffer in ihm, sondern immer mehr nach weiteren Berechnungsfakten, die z. T. sich aus Veränderungen gesellschaftlichen Verhaltens ergeben. So ist das Vorhandensein eines Krematoriums am Ort von Bedeutung. Zu bedenken sind weiter die erhöhten Sterblichkeitsziffern im Spätherbst und beginnenden Frühjahr und vor allem der Umstand, daß — zumindest in den Städten — an den verlängerten Wochenenden, also auch an den Samstagen, und an Feiertagen nicht bestattet wird. Da die Anlieferung der Leichen — z. T. auf Grund landesgesetzlicher Regelung — durch die privaten und kommunalen Bestattungsunternehmen aber auch an den bestattungsfreien Tagen erfolgt, kann es dann zu einem »Stau« der aufzubahrenden Toten bzw. der abzustellenden Särge kommen [23].

Unabhängig von der Größenordnung der Friedhofsanlagen, gleichgültig, ob die Toten in dem einzigen vorhandenen, auch der Aussegnung dienenden Raum oder in eigens dafür angelegten Kammern oder wie häufig in Süddeutschland noch in den aber bei Neubauten doch weithin abzulehnenden »Leichenhallen« aufgebahrt werden — der Raum muß der schnellen Verweslichkeit menschlicher Leichen, aber besonders auch der Würde des Todes und der abschiednehmenden Begegnung der Hinterbliebenen und der Freunde mit dem Toten Rechnung tragen.

Natürlich müssen die Aufbahrungsräume den im Anhang aus dem »Handbuch des Friedhofs- und Bestattungsrechts« zitierten gesundheitspolizeilichen Erfordernissen entsprechen, aber nur auf Hygiene abgestellte, ausgekachelte Aufbahrungskammern sind »kalt« und unwürdig. Die Wände sollte man daher nicht mit Fliesen belegen, sondern mit einem abwaschbaren hellen Putz oder Anstrich versehen. Um das Arrangement der meist schon bei der Aufbahrung gespendeten Blumen und Kränze zu erleichtern, können vielleicht einige wenige schlichte Kranzhalter an den Wänden der Kammer angebracht werden. Selbstverständlich kann der Boden mit Platten oder leicht abwaschbaren Fliesen ausgelegt sein, und zweckmäßigerweise versieht man ihn auch mit einem Abfluß. Letzten Endes sollte der Raum aber Würde atmen. Keinesfalls heißt das aber, daß man ihn — wie so oft getan — schwarz ausschlagen soll. Das ist penetrant — und unchristlich dazu. Falsch verstandene Düsternis hat nichts auf unseren Friedhöfen zu suchen. Allein eine schlichte Haltung ist der Ernsthaftigkeit und Größe des Todesgeschehens angemessen.

Die vor allem in Süddeutschland auch heute noch weithin üblichen, in städtischen Anlagen oft recht langen Leichenhallen mit den davorliegenden Schaugängen zur Betrachtung der hinter »Schaufenstern« ausgestellten Leichen sind so unerfreulich (die Gründe und ihr Herkommen wurden schon geschildert), daß man sie bei Neubauten keinesfalls mehr planen sollte. Für viele Angehörige ist ein Verweilen bei ihren Toten unter solchen Umständen unerträglich. Gerade hier sollte man die Privatheit erhalten und die Toten nicht wehrlos der allgemeinen Schaulust preisgeben.

Auch bei einer notwendigen Reihung zahlreicher Aufbahrungen sollten zumindest optische Trennungen zwischen den Aufbahrungen, insbesondere auch für verweilende Angehörige vorgenommen werden; das ist mit vielfältigen architektonischen Mitteln möglich; Beispiele werden in diesem Buch gezeigt. Die beste Lösung wird jedoch eine völlige Trennung in einzelne Aufbahrungskammern sein, mind. 8–10 qm große in sich abgeschlossene Räume, in denen ein von neugierigen Blicken unbelästigter Abschied vom Toten möglich ist. Gegebenenfalls kann in städtischen Anlagen innerhalb der dann größeren Aufbahrungsräume eine Glastrennwand zwischen Sarg und Besuchern den Raum noch einmal unterteilen. Dann ist in jedem Fall ein Wirtschaftsgang hinter den Zellen notwendig, wie er überhaupt bei einer Reihung von Aufbahrungskammern zweckmäßig und daher üblich ist.

Die Kammern dörflicher Aufbahrungshäuser, die nicht beiderseits über Gänge verfügen, müssen gegen direkte Sonnenbestrahlung geschützt sein; die Fenster sind daher klein zu halten und möglichst nach Norden zu legen. Aber auch bei eingebauten, nicht an Außenwänden liegenden Kammern ist ein Sonnenschutz, besonders wenn keine Kühlanlage eingebaut werden soll, notwendig. Die Aufbahrungszellen werden in erster Linie von oben aufgeheizt, so daß Sonnenschutzdächer über den Kammern gegebenenfalls einzuplanen sind. Für eine gute Durchlüftung ist stets Sorge zu tragen.

Um die Temperatur in den Aufbahrungskammern zwischen maximal + 8 und 10° Celsius zu halten, wird man in wärmeren Gegenden bei nicht eingebauten Kühlaggregaten — etwa im ländlichen Bereich — schattenspendende Bäume in Gebäudenähe pflanzen, beim Hangfriedhof mit den Kammern auch in den Hanganschnitt gehen oder den Bau absenken [24]. In Städten sind heute Kühlanlagen üblich, z. T. werden sie auch in dörflichen Aufbahrungshäusern eingebaut.

Ein müheloses Einbringen der Särge ist ebenso wie eine gute Verbindung zur Aussegnungshalle wichtig. In etwas größeren Aufbahrungsräumen, in denen auch die Aussegnungsfeier vorgenommen wird, empfiehlt es sich, einige gut geformte, vielleicht geschmiedete Kranzhalter an den Wänden anzubringen; die Kränze stören dann nicht beim Aufheben des Sarges. Nur die Kränze der nächsten Angehörigen sollten aber in die Kammern kommen. — Selbst in städtischen Anlagen kann bei entsprechender Ausgestaltung und Größe der Aufbahrungskammer eine Aussegnungs- oder Abschiedsfeier im allerkleinsten Familienkreise dort vorgenommen werden; das ist u. U. für die Angehörigen sympathischer, als wenn sich ein zu kleiner Kreis in einer großen Feierhalle verlassen vorkommt.

4.141 *Gemeinsame Aufbahrungsräume* findet man bei größeren Friedhofsanlagen vor allem in Norddeutschland und in den skandinavischen Ländern. Diese Großräume befinden sich zumeist im Kellergeschoß als dem natürlichen Kühlraum; sie sind allgemein auf sachliche Hygiene abgestellt. Das Sargmaß ist zumeist der Grundmodul ihrer Größe, die aber überschaubar bleiben sollte. Die Überschaubarkeit gilt auch für jene Räume, in denen (wie etwa in Hamburg-Öhendorf) die Toten nicht im Sarg abgestellt, sondern in horizontal und vertikal aneinander gereihten Stahlwannen in Kühlwänden aufbewahrt werden.

Diese nur in städtischen Anlagen vorkommenden Räume für gemeinsame Aufbahrung verfügen heute zumeist über zweckmäßige Kühl- und Lüftungsanlagen.

Ihre häufige Unterbringung im Kellergeschoß erfordert, selbst wenn die Anlieferung etwa über eine Rampe auf der gleichen Ebene erfolgen sollte, einen Aufzug, um die Verbindung mit der Feierhalle herzustellen.

Es empfiehlt sich, neben diesen gemeinsamen Aufbahrungsräumen einige zusätzliche Kammern zu haben, damit — falls gewünscht — den Angehörigen die Möglichkeit des Abschiednehmens vor der endgültigen Aussegnungs- oder Bestattungsfeier gegeben ist.

Daneben sind in solchen großen Anlagen zusätzliche Kühlzellen mit besonders niedrigen Temperaturen für länger aufzubewahrende Leichen heute üblich.

Krematorien verfügen zumeist über solche gemeinsamen Aufbahrungsräume, seltener über Einzelkammern, doch sollten auch hier in jedem Falle solche für das Abschiednehmen der Angehörigen eingeplant werden.

4.142 Der in allen städtischen Friedhofsanlagen notwendige *Sezierraum* ist zweckmäßigerweise auszukacheln. Er benötigt Wasseranschluß, guten Abfluß, bestes elektrisches Licht, einen (nicht unbedingt fest eingebauten) Seziertisch, ein Organbecken, ein Waschbecken, Ablagemöglichkeit für die Instrumente. Eine Einsicht von Außen muß unmöglich sein. Da bei einer gerichtlich angeordneten Leichenschau die Anwesenheit eines Gerichtsarztes und eines Assistenten, eines Richters und mindestens eines Protokollanten erforderlich ist, wird von dort her die Größe des Raumes bestimmt, der mindestens 25 qm Grundfläche haben sollte, damit bei der häufig noch größeren Personenzahl die allseitige Bewegungsfreiheit der Ärzte gewährleistet ist. Gegebenenfalls kann das Protokoll auch in einem Nebenraum aufgenommen werden, wenn für die akustische Verständigungsmöglichkeit gesorgt ist. Ein Nebenraum für das Umkleiden, Waschen und möglichst auch Duschen der Ärzte ist erforderlich.

Für den größeren Dorffriedhof genügt es, wenn eine vielleicht etwas geräumigere Aufbahrungskammer Wasseranschluß, Abfluß und elektrisches Licht hat, so daß in ihr notfalls eine Obduktion vorgenommen werden kann. Wegen seiner Geräumigkeit eignet sich der Sezierraum auch für das hin und wieder notwendige Ein- und Umsargen, so etwa bei Unfalltoten oder bei Anlieferung in Transportsärgen oder Leichensäcken.

4.15 *Nebenräume für Geistliche, Angehörige, Sargträger und gegebenenfalls Bestattungspersonal, Friedhofswärter, Geräte, Verwaltungen u. a.*

Die Aufbahrungsräume und Feierhallen sind das sepulkral- bzw. kultbezogene und damit zentrale Anliegen der Friedhofsbauten, sie bedürfen jedoch selbst einer Reihe von Nebenräumen.

4.151 Der *Raum für den Geistlichen* ist überall dort notwendig, wo der Pfarrer nicht wie im kleinen Dorf im Talar oder Meßgewand an der Spitze des Leichenzuges zum Friedhof kommt. Eine Raumgröße von ca. 10 bis 12 qm genügt dem Geistlichen oder Sprecher zum Umkleiden. Stuhl und Tisch gehören zur Ausstattung; der Geistliche muß sich auf die kommende Handlung konzentrieren und wird eventuell auch noch in der Agende oder der Vita des Verstorbenen lesen wollen. Eine Waschgelegenheit ist angebracht. Bei städtischen Anlagen ist ein größerer Raum mit reicherer Ausstattung notwendig, da u. U. Angehörige noch vor der Aussegnungsfeier ein Gespräch mit dem Geistlichen suchen — oder umgekehrt —, weil ihnen nach dem zumeist vorausgegangenen Besuch des Pfarrers noch etwas eingefallen ist. Der katholische Geistliche bringt zudem zwei Meßdiener mit. Er vor allem benötigt dann auch einen Utensilienschrank.

Wie bei der Sakristei der Friedhofskapelle ist es zweckmäßig, wenn der Raum für den Pfarrer unmittelbare Verbindung zum Aussegnungsraum und einen eigenen Zugang hat.

4.152 Ein *Warteraum für die Angehörigen* ist nur auf städtischen Friedhöfen, wo die Beerdigungen oft dicht aufeinander folgen, erforderlich. Der Warteraum, dem man eine Mindestgrundfläche von 20 qm geben muß, soll hell und freundlich ausgestaltet sein und genügend Stühle und möglichst auch ein bis zwei Beistelltische zu seiner Einrichtung zählen. Führt ein großes Fenster den Blick vielleicht auf einen bepflanzten Innenhof oder die gut gestaltete Umgebung des Gebäudes, werden die Hinterbliebenen für einen solchen Warteraum dankbar sein.

4.153 Ein *Raum für die Sargträger* und gegebenenfalls für das Personal privater Bestattungsunternehmen ist bei städtischen Anlagen unmittelbar neben dem Feierraum anzuordnen, damit nicht dieses Personal mit »Berufs-Leichenbittermiene« eine Trauerfeier nach der anderen, womöglich im Vordergrund stehend oder sitzend, mitmachen muß. Eine akustische oder optische Rufverbindung vom Ambo des Geistlichen oder dem Pult des Sprechers, in manchen Fällen auch vom Platz des Organisten, ist erforderlich.

4.154 Einen *Stuhl-Stapelraum* muß man bei größeren Anlagen einplanen, wenn für die Feierhalle eine häufig zu variierende Bestuhlung vorgesehen ist. Seine Größe richtet sich nach der der Feierhalle und der dementsprechenden Menge der zu stapelnden Stühle.

4.155 Einen *Raum für den Friedhofswärter* benötigen schon größere Dorffriedhöfe, da die Pflegearbeit und meist auch das Ausheben der Gräber von einer eigens dafür bestimmten Kraft übernommen werden. Selbst wenn der Friedhofswärter diesen Gemeindedienst nur nebenamtlich versieht, wird er dankbar dafür sein, wenn er während seiner Friedhofsarbeiten, von einem Unwetter überrascht, in einem für ihn bereitgestellten Raum Zuflucht suchen kann, in dem er sich auch im Winter hin und wieder aufzuwärmen vermag. Tisch, Stuhl, eine Kleiderablage und gegebenenfalls ein elektrischer Heizofen — falls nicht bei größeren Anlagen der gesamte Gebäudekomplex beheizbar ist — werden zur notwendigen Ausrüstung gehören. Eine nicht zu kleine Waschgelegenheit ist erforderlich, wenn nicht in größeren Bauten sogar für das Friedhofspersonal ein Duschraum zur Verfügung steht.

4.156 *Geräteraum, Gerätehaus.* Die ständige Unterhaltung eines Friedhofs, ob durch fest besoldete oder nebenamtliche Kräfte, erfordert ein gewisses Maß an Gerätschaften: zunächst die Werkzeuge zum Ausheben des Grabes: Spaten, Schaufeln, Hacken, Bohlen, gegebenenfalls Preßluftgeräte; zur Pflege der Wege und gärtnerischen Anlagen: Karren, Rasenmäher, Sense, Rechen, Besen, Heckenschere usw. Der kleinste Friedhofsbau, und möge er sonst nur einen Aufbahrungsraum haben, kann daher auf einen Geräteraum nicht verzichten. Bei größeren Bauten kann er sich in das eventuell typisierte Maß der Nebenräume einfügen. Das gilt auch für den Unterstellraum des heute oft schon auf dem Dorffriedhof verwandten *Sarg- oder Bahrwagens.* Nur wenn man auf ihm gleich aufbahrt, benötigt er keinen eigenen Raum, da man ihn dann in einer Sargkammer stehen lassen kann. Dort, wo man auf dem Dorf noch zu Hause aufbahrt und aussegnet und die gottesdienstliche Feier in der Kirche hält, man also noch keinen Aufbahrungs- und Aussegnungsbau auf dem Friedhof benötigt, braucht man aber dennoch die oben angeführten Geräte für die Friedhofsunterhaltung und -pflege. Ein *Gerätehäuschen* ist also in jedem Falle erforderlich. Der geringe Umfang des benötigten Bauwerks läßt ihn kein optisches Eigengewicht finden; in jedem Falle sollte man daher einen solchen kleinen, dennoch hoffentlich gut gestalteten Zweckbau an vorhandene architektonische Elemente, im günstigsten Fall an eine vorhandene Friedhofsmauer anbinden oder gar in sie einfügen. Hier können landschaftliche Baugepflogenheiten Anregungen geben.

Der großstädtische Friedhof benötigt entsprechend größere Unterstellmöglichkeiten, da hier heute vorwiegend Gräberbagger, Unimogs, Urnenlochbohrer, fahrbare Rasenmäher und andere größere technische Geräte eingesetzt werden, die auch Raum- und Torhöhen bestimmen. Die hierfür benötigten Gebäude werden oft zweckmäßig als Folge von Garagen-, Geräte- und Werkstatträumen um einen Wirtschaftshof mit gesonderter Zufahrt angelegt.

4.157 *Toiletten* — für alle größeren Friedhofsanlagen selbstverständlich — sollte auch der kleinste Friedhofsbau haben. Sie müssen leicht auffindbar ständig für die Friedhofsbenutzer zugängig sein. Für gute Durchlüftung ist zu sorgen. Voraussetzung für eine Toilettenanlage ist jedoch die — auf dem Dorffriedhof nicht immer gewährleistete — Vorsorge für Sauberhaltung und Wartung (vor allem auch bei Frostwetter). Ist solche Voraussetzung nicht gegeben, sollte man lieber auf ihre Anlage im dörflichen Bereich verzichten.

4.158 *Räume für die Friedhofsverwaltung* werden nur bei städtischen Anlagen benötigt. Nach Größenordnung des kommunalen Betriebs und seiner Verwaltung oder der entsprechenden Kirchenbehörde errechnet sich die Raumzahl. Der Verwaltungstrakt soll im Rahmen des Gebäudekomplexes möglichst nicht direkt an die Feierhalle anschließen. Ein Raum für etwaigen Publikumsverkehr muß freundlich gehalten und eingerichtet sein. Eine falsche Feierlichkeit ist hier fehl am Platze; sie wirkt kaum tröstend für die Leidtragenden — ebensowenig wie die meist kitschigen Bilder »religiösen« Inhalts.

Daß ein Verwaltungstrakt im Äußeren und Inneren ein profaner Bau ist, auch wenn er auf dem Friedhof steht, leuchtet jedem ein. Schwierigkeiten treten nur dort auf, wo er unmittelbar an die Aufbahrungskammern und die Feierhalle anschließt, obwohl, wie wir zuvor sahen, auch dieser »kultische« Bezirk zum Bereich profanen Bauens gehört. Hier ist es die Aufgabe des Architekten, die gestalterische Einheit herzustellen, denn es sollen ja nicht funktionelle Notwendigkeiten jeweils für sich gestaltet werden, sondern in ihrem Bezug auf den Menschen. Die Gesamtkonzeption muß folglich zur gestalterischen Aussage für alle Einzelteile in einer Einheit werden. (Hier liegt eine ähnliche Kompliziertheit vor wie beim Theaterbau: an der Frontseite abendliche Festlichkeit, Glanz, Kunst und Kultur, nach hinten 8-Stunden-Tag mit Werkstattarbeit, Magazinen, Übungsräumen, Verwaltung und Kantine — und das alles »unter einem Dach«.)

Ein eigenes *Betriebsgebäude* der Friedhofsverwaltung muß u. a. entsprechende Aufenthalts- und Reinigungsräume für das Bestattungs- und Gärtnerpersonal haben. Größe, Raumzahl und Funktionsbereich richten sich nach den sehr unterschiedlichen Erfordernissen der Friedhöfe verschiedener Größen- und Zuordnungen. Aus den eingangs genannten Gründen soll in dieser Veröffentlichung nicht im einzelnen auf die Verwaltungs- und Wirtschaftsgebäude der Friedhöfe eingegangen werden.

4.159 *Typisierung der Nebenräume*

Sahen wir zu Anfang, daß der Entwurf einer Feierhalle und der Aufbahrungskammern im Hinblick auf ihre kultische Bestimmung seine besonderen Gestaltungsprobleme hat, so könnten die Nebenräume der Friedhofsbauten für Gemeinden bis etwa 15 000 Einwohner unter Anlehnung an den Grundmodul der Aufbahrungskammern weitgehend typisiert werden. Vor allem die Raumproportionen und -größen könnten gleich sein bei Offenlassen der Möglichkeit, Trennwände fortfallen oder variabel erstel-

len zu lassen, damit notwendige Verschiebungen in den Größenordnungen berücksichtigt werden können.
Typisierung als Ziel ist ein Problem der industriellen Fertigung. Normalerweise werden Friedhofsbauten kaum in Serie gefertigt werden. Andererseits werden von bestimmten Firmen schematisierte Ratschläge für den Bau von Friedhofshallen als Prospekt Gemeindeverwaltungen und Architekten übersandt. Für den ländlichen Bereich könnte es durchaus eine Besserung bedeuten, wenn im Gegensatz zu solchen Offerten wohldurchdachte und von Fachleuten geplante Grundschemata entwickelt würden, die alle durch die örtlichen Gegebenheiten erforderlichen Variationsmöglichkeiten in sich bergen. Die Feststellung, daß die Nebenräume annähernd gleich groß sind und häufig lediglich ihre Innenausstattung den Zweck ausweist, legt es nahe, daß ihre teilweise Typisierung und entsprechende Erstellung, vielleicht sogar in Fertigbauteilen, nicht ausgeschlossen ist, zumal demontable Friedhofsbauten bei abschnittsweiser Neuanlage größerer Friedhofsprojekte durchaus denkbar sind.

4.16 Die äußere Gestalt der Aufbahrungs- und Feierhäuser

Die vorangegangene Einordnung der Aufbahrungs- und Feier- bzw. Aussegnungshäuser in die Profanarchitektur hat deutlich gemacht, daß sie sich im Gegensatz zu konfessionsgebundenen und dem Herkommen nach anders gearteten Friedhofs*kapellen* auch in der äußeren Erscheinung nicht den Kirchenbau zum Vorbild nehmen, ja sich nicht einmal an ihn anlehnen sollten. Die hier behandelten Gebäude sind — wie erläutert wurde — an die Stelle der Wohnhäuser der Verstorbenen getreten. Da diese Bauten jedoch nunmehr aus dem Wohnbereich der Lebenden herausgenommen, auf dem Friedhof erstellt und nur noch dem Dienst an den Toten gewidmet werden, kommt ihnen eine Würde zu, die das Herkommen, den Hauscharakter, zwar nicht verleugnen, dennoch aber einen eigenen feierlichen Ausdruck finden darf. Der Eindruck einer »Minikirche« oder eines Sakralbaues muß vermieden werden. Wird die Planung der Aufbahrungs- und Feiergebäude wesentlich von den Funktionen bestimmt, so ist für die Gesamtwirkung, also vor allem auch das äußere Erscheinungsbild, die örtliche Situation und das notwendige Einfügen in sie von gleichfalls grundlegender Bedeutung. Sie wird Lage, Grundriß und Aufriß, also den Baukörper, beeinflussen.
Der moderne Kirchenbau kennt kaum noch festgefügte Schemata — nicht erst seit Le Corbusiers Wallfahrtskirche in Ronchamp ist der Phantasie der Architekten freier Lauf gelassen, solange die — sich ebenfalls wandelnden — liturgischen Bedingungen erfüllt werden. So hat selbst hier seit Jahren eine Entsakralisierung mit der Hinwendung zum Gemeindezentrum eingesetzt. Fällt die Friedhofs*kapelle* noch in den Bereich des Kirchenbaues mit allen seinen neuen Freiheiten, so ist naturgemäß der Entwurf profaner Aufbahrungs- und Feierhallen vorwiegend an Zweckbestimmung und funktionellen Ablauf gebunden, da die »Würde« des sepulkralen Bezirks kaum objektiv definierbar ist.

Das Wort »Friedhof« hat mit dem »friedvollen Schlummer«, jener, die »Freund Hein« einst »heimholte«, also mit jener auf den Friedhof bezogenen sentimentalen Friedensvorstellung des 19. Jahrhunderts, nichts zu tun. Das Wort leitet sich her vom mittelhochdeutschen »frîthof«, dem ummauerten, umwehrten, umfriedeten Hof; er ist Ausdruck für eine geplante, gebaute, architektonisch festgefügte Anlage, einst als umfriedete »Paradieseswiese« um das Gotteshaus, allzuoft Zufluchtstätte auch der Lebenden in Notzeiten und Freistatt für die Verfolgten.
Genauso ist heute noch der Friedhof ein geplanter, zumeist landschaftsarchitektonischer Raum bzw. eine Anlage mit einer Folge solcher Räume. Oft hat er zwar noch entwicklungsgeschichtlich überholten Wald- oder Parkcharakter, häufig ist er schon Rasenfriedhof, jedenfalls ein räumlich-architektonisches Gebilde. Und in diesen Raum haben sich die Hochbauten auch mit ihrer äußeren Gestalt einzufügen. Ein Waldfriedhof wird andere Vorstellungen erwecken als ein Rasenfriedhof — in ersterem ist ein Steilgiebeldach, das eine schützende Vorstellung, etwa in Zeltform, vermittelt, vielleicht angebracht, andererseits kann ein Flachbau gerade als Gegengewicht zu den Vertikalen umgebender Nadelbäume durchaus richtig sein. In Hanglagen werden Flachdächer sich zumeist organischer und damit unaufdringlicher einfügen, Pultdächer mit dem oder gegen den Hangverlauf können sich aus der Situation anbieten. Letztlich ist jede Dachform aber weitgehend durch den Grundriß vorbestimmt. Zu bedenken ist dabei auch, daß steile Dachformen, besonders Pultdächer, nach außen dramatisieren und den Innenraum »hochreißen«. Flachdächer wirken niedriger und damit unaufdringlicher. Häufig fügen sie sich der Gesamtsituation des Friedhofs besser ein.
Die Lage des Bauwerks oder der Gebäudegruppe im Eingangsbereich oder innerhalb eines von Bäumen und Pflanzen beherrschten Friedhofs wird die Planung bei vordringlicher Beachtung der den Grundriß weithin bestimmenden funktionellen Notwendigkeiten beeinflussen. Der Baukörper kann schon nach außen eine »Cella«, einen zur Besinnung zwingenden, fest umschlossenen Raum, aus dem kein Ausblick ablenkt, ausweisen. Er kann aber auch transparent sein, sich diaphan zur Friedhofslandschaft öffnen. Eine so optisch geweitete Architektur, die den Insassen nicht beengt und durch den Blick in die Natur zu einer tröstenden Wirkung zu helfen vermag, wird vielleicht von dem einen oder anderen als pantheistisch angesprochen, aber wie die Beispiele zeigen werden, hat sie ihre Berechtigung neben dem zur Konzentration zwingenden Raum. Wird das Bauwerk gewissermaßen von der Natur durchflutet, was nur bei durchsichtigen Fensterglaswänden möglich ist, dann kann es unter Umständen ganz in der Friedhofslandschaft aufgehen.
Normen können jedenfalls auch für das äußere Erscheinungsbild der Friedhofsbauten nicht genannt werden. Eine eigentliche Friedhofsarchitektur hat sich trotz der Ansätze im 19. Jahrhundert noch nicht konkret entwickelt, die Vorstellungen sind vage, der Visions- und Gestaltungskraft des Architekten sind keine Grenzen gesetzt

– aber gerade das erhöht die Anforderung an ihn. Das »Totenhaus« war eine fundamentale Kulturaufgabe der Baumeister aller Zeiten und den vielfältigsten Wandlungen unterworfen, wobei wir es hier erstmals mit einem für den einzelnen Toten zumeist auf 3 Tage begrenzten »Ersatzhaus« zu tun haben, das aber zu einer die Benutzer ständig wechselnde »Dauereinrichtung« der Gesellschaft geworden ist und das seine besondere Würde durch den Akt des Abschiednehmens und die in ihm häufig vollzogenen religiösen Handlungen erfährt.

4.17 Das Geläut

Eine Friedhofs*kapelle* wird wegen ihrer gottesdienstlichen Funktion zumeist eine eigene Glocke in einem kleinen Turm oder Dachreiter haben, da sie nach theologischer Auslegung zugleich Rufer zum Gebet und auch zu anderen gottesdienstlichen Handlungen zu sein hat.

Aber auch viele *Aussegnungshallen* tragen einen Dachreiter mit einer Glocke oder ein freistehender Campanile oder Glockenträger ist ihnen zugesellt.

Das christliche Begräbnis beginnt – heute nur noch auf dem Lande ausgeübt – mit dem Glockenläuten, um die Gemeinde zu rufen – allgemein dem Läuten der Glocken der Pfarrkirche, deren Gemeinde der Tote angehört hat. Nur wenn das Geläut der Gemeindekirche außer Hörweite liegt, was im großstädtischen Bereich häufiger vorkommt, bedarf es eigentlich der Glocke auf dem Friedhof.

Nur örtlich kann also geklärt werden, ob ein Geläut notwendig ist, und wenn, ob es mit dem Friedhofsbau in eine direkte architektonische Beziehung, etwa in einem aufgebauten Glockenstuhl, gebracht werden soll. Häufig wird ein Campanile oder ein freistehender Glockenträger im Freiraum um die Friedhofsbauten errichtet. Auch über dem Friedhofseingang ist ein Geläut sinnvoll, falls die architektonischen Gegebenheiten eine solche Lösung zulassen. Der Liturgie der christlichen Kirchen genügt *eine* Glocke, ihr als Träger oft ein Glockenständer, obwohl die Glocke als musikalisches Instrument sich akustisch nur in einem hölzernen Glockenstuhl (Glockenstube) voll entfalten kann. – Auf dem großstädtischen Friedhof kann die Glocke eine zusätzliche, völlig profane Bedeutung haben, indem sie, eine Viertelstunde zuvor geläutet, auf die abendliche Schließung des Friedhofs hinweist.

Die Glocke selbst sollte aus Glockenbronze gegossen und so aufgehängt sein, daß sie frei schwingen kann. Der Glockenträger darf keine großen eigenen Schwingungen haben und muß ein schlechter Klangleiter sein. Die Glocke bedarf der Pflege und muß daher stets zugänglich bleiben [25].

4.18 Kriegsopfergedenken im Rahmen der Aussegnungsbauten

Die Gedächtnismale für die Kriegsopfer wurden nach dem 2. Weltkrieg einem allmählichen Sinnwandel unterzogen. Neben der ehrenden Erinnerung fand in den ernsthaften Beispielen die Mahnung gestalterischen Ausdruck. Gegenüber dem lauten Pathos früherer Gefallenendenkmale wurde man zurückhaltender und man zog sich in vielen Gemeinden mit den Denkmalen auch aus der Öffentlichkeit in die besinnliche Stille des Friedhofs zurück. Das war ein sinnvoller Vorgang, da man die Kriegstoten mit dem Festhalten auch ihrer Namen auf dem Friedhof, auf dem sie sonst vielleicht einmal nach einem friedvoll erfüllten Leben geruht hätten, sinnbildlich aus den Weiten der Steppen Rußlands, dem Wüstensand Afrikas, den Tiefen der Weltmeere oder wo sie sonst fielen und starben und vielleicht keine Grabstätte fanden, in die Heimat zurückholte. Der Gedenkstein, die Namenstafel oder welche künstlerische Gestalt das Totenmal auch annahm, wurde auf dem Heimatfriedhof zum stellvertretenden Grabmal, an dem Angehörige, wenn sie die Gräber ihrer Familien besuchen, verweilen und die Kriegstoten in das Gedenken mit einbeziehen können.

In den Beispielen dieses Buches wird man hier und dort das Kriegsopfermal mit dem Bau der Aussegnungshalle in Verbindung gebracht sehen. Das ist sinnvoll aus zweierlei Gründen: Einmal handelt es sich um ein Bauwerk, das Totengedenken zum Inhalt hat, und da ist es sinnvoll, wenn man die Kriegstoten in dieses Gedenken mit einbezieht; zum anderen bieten sich vielfache gestalterische Möglichkeiten durch architektonische An- oder Einbindung, die oft zu besseren – weil unaufdringlicheren – Lösungen führen als bei freistehenden Denkmalen älteren Stils.

Im norddeutschen Raum, wo der Backsteinbau vorherrscht, gibt es überzeugende Beispiele, bei denen die Namen der Kriegstoten in die Ziegel vor dem Brennen eingraviert wurden und dann für die Dauer des Bauwerkes in einer Wand des Baukörpers oder einer Mauerscheibe, die vielleicht einen Vorhof begrenzt, festgehalten sind. In anderen Fällen sind an einer Außenwand oder auch im Innenraum Namenstafeln hier und dort in Verbindung mit Sinnzeichen oder Sinnbildern aus Stein oder Metall eingelassen worden. Möglichkeiten wurden aufgezeigt – etwa in einer Nische des Innenraumes –, eine bildhauerische Arbeit mit der Namensnennung der Opfer oder einen alle Toten ohne Namensangabe umfassenden Gedenkspruch den Kriegsopfern zu widmen. In manchen Gemeinden wurden Lösungen gefunden, an geeigneter Stelle im Innenraum der Feierhalle oder im Vorraum Namensbücher in einem Schrein oder auf einem Pult auszulegen. Bei einer chronologischen Aufzählung der Namen nach Sterbedaten kann hier – durch Umblättern der Buchseiten durch den Friedhofswärter – gegebenenfalls jeder Tag einem ganz persönlichen Gedenken gewidmet sein. Eine Fensternische bietet sich manchmal für solche Gestaltfindung, für die man ja Licht zum Lesen benötigt, an. Das Fenster kann sinnbezogen künstlerisch gestaltet werden.

Solche Lösungen haben den Vorteil, daß sie nicht aufdringlich sind und nicht wie viele auf öffentlichen Plätzen stehende Denkmale in der den Blick dafür abstumpfenden Hetze des Alltags schließlich in ihrer ernsten Bedeutung nicht mehr wahrgenommen werden.

Das Gedenken an die Kriegsopfer im Bereich der Friedhofsgebäude bietet darüber hinaus dem Einzelnen — etwa an persönlichen Gedenktagen — die Möglichkeit, hier in stillem Gedenken zu verweilen; durch die für die Aussegnungs- und Trauerfeiern bedingte Größe der Anlage ist für die Gemeinde aber auch an öffentlichen Gedenktagen — wie dem Volkstrauertag — ein genügender und vom Verkehr abgeschirmter Raum für gemeinsame Gedächtnisfeiern vorhanden. Darüber hinaus ist hier die Möglichkeit gegeben, Gedenkgottesdienste abzuhalten, so entfällt der an manchen Orten oft lange Marsch nach dem Gedenkgottesdienst von der Kirche zur Kranzniederlegung am Denkmal.

5 Feierplatz im Freien

Kleine Gemeinden ohne Friedhofshalle oder Gemeinden mit nur kleinem Feierraum aber genügend Friedhofsfläche können auch einen Feierplatz im Freien anlegen. Auch städtische Friedhöfe schaffen sich solche Anlagen, die allerdings selbst im Sommer unverständlicherweise nur selten benützt werden, obwohl sie bei genügender Freifläche der gesamten Trauergemeinde Platz bieten.
Die Lage eines solchen Feierplatzes wird im Friedhof an betonter Stelle sein, vielleicht auf einer kleinen Anhöhe, auf einer natürlichen Lichtung im vorhandenen Baumbestand, als Freiaussegnungsplatz beim Hochkreuz. Praktisch ist es, wenn er auf dem Weg vom Friedhofseingang oder dem Aufbahrungsraum zum Gräberfeld bzw. den Belegungsflächen liegt. Der Raum wird allgemein durch Pflanzkulisse gebildet. Bei einer Rundanlage kann die Feierfläche tellerförmig etwas tiefer liegen, am Rande können feste Bänke stehen. Das ist entsprechend auch bei einer Rechteckfläche möglich. Der Abstellplatz für den Sarg sollte mit Natursteinplatten oder Pflaster befestigt sein — ein erhöhtes Podest ist nicht nötig —, während für die übrige Fläche Rasenpflaster angebracht ist. Der Feierplatz im Freien ist der Sache nach eine Aufgabe des Landschaftsarchitekten.

6 Krematoriumsbauten

6.01 Erd- und Feuerbestattung

Es liegt auf der Hand, daß für die Beisetzung einer Aschenurne in der Erde weit weniger Platz benötigt wird als für die Beisetzung eines Sarges mit der Leiche eines Erwachsenen oder auch eines Kindes. — Die Möglichkeit, Urnen in horizontaler und vertikaler Anordnung in dafür bestimmten Bauten unterzubringen, verringert den Platzbedarf für sie noch weiter. — Unsere Friedhöfe sind im Laufe der letzten 150 Jahre immer mehr zu öffentlich-rechtlichen und, sagen wir es ruhig, zu sanitären Anstalten geworden. Das Bestattungs- und Friedhofswesen wird damit zugleich zu einem nüchternen Akt behördlicher Verwaltung, für die hygienische, sprich gesundheitspolizeiliche, und soziale Gesichtspunkte maßgebend sind. In unseren Industriestädten wird das vorhandene Landreservoir von der dynamischen Wirtschaft, dem Verkehr, dem Wohnungsbau und dem Freizeitgrün mit Beschlag belegt. Für die damit zugleich notwendige Erweiterung und Ergänzung der Friedhöfe ist dann oft nur noch schwer und kostspielig Gelände zu beschaffen. Es ist daher nicht verwunderlich, wenn in manchen Städten von der Verwaltung und auch von den Stadtplanern der Feuerbestattung das Wort geredet wird. Für die Beisetzung einer Urne, ob in der Erde oder in Kolumbarien, benötigt man etwa nur ein Drittel der für die Erdbestattung erforderlichen Fläche. Bei Gemeinschaftsgräbern und bei der Anlage von Hochbauten für die Urnenbeisetzungen würde sich dieser Flächenbedarf noch wesentlich verringern [26]. In zahlreichen Großstädten ist daher in den letzten Jahrzehnten auch ein erheblicher Anstieg der Kremationen zu verzeichnen. Der Anteil der »Feuerbestattung« liegt in manchen deutschen Städten schon über 50%.

Der Einäscherung eines Toten steht nach dem letzten Konzil auch die katholische Kirche nicht mehr grundsätzlich ablehnend gegenüber, zumal ihre vorangegangene Ablehnung eigentlich mehr der Abwehr des Freidenkertums des 19. Jahrhunderts entsprang. Bis in das 3. vorchristliche Jahrtausend läßt sich in Mitteleuropa die Leichenverbrennung zurückverfolgen. Seitdem laufen Erd- und Feuerbestattung in unserem Kulturbereich bis auf das letzte christliche Jahrtausend weithin parallel. In allen Teilen Deutschlands hat man Brandgräber aus vor- und frühgeschichtlicher Zeit gefunden. Seit der Christianisierung überwiegen dann die Erdbestattungsgräber. Das Christentum, das auch im Totenkult auf jüdischer und nicht etwa auf griechischer oder römischer Tradition aufbaute, bevorzugte von daher die Erdbestattung und verdammte die Totenverbrennung, die in zahlreichen Gegenden Mitteleuropas in der der Missionierung unmittelbar vorausgegangenen Zeit vorgeherrscht hatte, als heidnisch. In der Zeit des Klassizismus, in der ja auch das Freidenkertum sich immer mehr ausbreitete, trat durch bewußtes Anknüpfen an antiken Brauch die Totenverbrennung immer stärker vor allem in das Bewußtsein der Gebildeten. Die besonders im 18. Jahrhundert verbreitete Furcht vor einem Scheintodbegrabenwerden und die im 19. Jahrhundert in den Vordergrund rückenden hygienischen und ästhetischen Momente führten bald, etwa gleichzeitig in Italien, England und Deutschland, zu einem Wiederaufleben der Feuerbestattung. Im Unterschied zu den historischen und heute auch noch auf anderen Kontinenten geübten Leichenverbrennungen auf hölzernen Scheiterhaufen werden nun jedoch Krematorien, 1876 das erste europäische in Mailand, 1878 in Gotha das erste in Deutschland, errichtet, in denen die Einäscherung nicht durch direkte Einwirkung der Flammen, sondern durch erhitzte Luft erfolgt. Fast alle Großstädte können heute mit verschiedenen Brennstoffen oder Elektrizität geheizte Krematorien aufweisen.

6.1 Die Diskrepanz zwischen kultischer Handlung und technischem Verbrennungsvorgang

Die in der Zeit und im Raum unserer Zivilisation selbstverständlich *technisierte* Leichenverbrennung wirft das eigentliche Problem auf. — Das Aufschichten eines Scheiterhaufens, das Verbrennen des Leichnams darauf und dann das Verstreuen der Asche — etwa in den Ganges, wie es heute noch in Indien geschieht, oder wie es Lord Byron und seine Freunde beim Wiederaufleben der Verbrennung im romantischen Klassizismus taten, als sie nach dem Verbrennen ihrer toten Freunde auf dem Holzstoß am Gestade die Asche ins Meer streuten — ist ein Vorgang mit folgerichtiger Handlung, der ohne Widerstreben als kultischer Dienst angesehen wird.

Nun wird aber die Folge nicht nur unterbrochen, sie wird in drei getrennte Handlungen unterteilt:

1. Der Abschied, verbunden mit der gemeinsamen Aus-

segnungs- oder Trauerfeier in dem dafür bestimmten Feierraum;
2. die Leichenverbrennung in einem von der Technik bestimmten, mit Öfen bestückten Raum mit industriehaftem Gepräge;
3. die Übergabe der Aschenkapsel und deren Beisetzung.

Die 2. Handlung ist hierzulande üblicherweise dem Mitwirken der Gemeinde und ihrem gemeinsamen Dienst am und für den Toten, ja selbst dem der nächsten Angehörigen, auch nur deren Blicken, entzogen.
Diese unbefriedigende Handlungsfolge zeigt, daß unsere Gesellschaft den Vorgang dieser Bestattungsart geistig nicht wieder bewältigt hat. Daher sollen die Architekten diese Peinlichkeit architektonisch überbrücken.
Es muß — wie schon in Skandinavien begonnen — bei uns ein Weg gefunden werden, der auch die 2. Handlung in den kultischen Ablauf bzw. den der Feier unter Teilnahme der Gemeinde, zumindest der Angehörigen, einbezieht.

6.11 *Zur Lage des Verbrennungsraumes*
Bei heute üblicher Zuordnung des Krematoriums zur allgemeinen Friedhofsanlage werden die Feierhallen zumeist bei Erd- und Feuerbestattung benutzt. Eine Anordnung ohne Versenkapparat erleichtert die Benutzung der gleichen Halle für Feiern sowohl bei Erd- als auch bei Feuerbestattungen. Keinesfalls sollten aus den im vorigen Abschnitt genannten Gründen bei Neuanlagen von Krematorien die Verbrennungsanlagen auf einer tiefer als der Feierraum gelegenen Ebene angeordnet werden, so daß deswegen ein hydraulischer Versenkapparat notwendig wird. Wer hätte nicht schon die Peinlichkeit erlebt, daß am Ende einer Aussegnungs- oder Trauerfeier der Geistliche oder Redner durch Kopfbewegung oder Knopfdruck die Betätigung des Versenkapparates veranlaßt, so daß nun aus geistiger Nichtbewältigung technisierter Feuerbestattung eine Erdbestattung imitiert wird, wobei häufig durch Anhalten des Mechanismus' der Sarg auf halber Höhe — also etwa in »Grabtiefe« — festgehalten wird, damit die Gemeinde dann an das »offene Scheingrab« herantreten und Blumen nachwerfen kann (wie es der Verfasser erlebt hat); sind dann alle Trauergäste wieder zurückgetreten, dann wird durch einen Mechanismus das »Grab« häufig durch einen gewölbten Sperrholz- oder Metall»hügel« geschlossen. Die Angehörigen gehen von solcher »Beerdigung« nach Hause und erhalten nach einigen Tagen Bescheid, daß sie die Aschenkapsel zur Beisetzung abholen können.
Bei Verbrennungsanlagen auf gleicher Ebene mit dem Feierraum wird bei Feierabschluß häufig der Sarg wie Lohengrins Schwan hinter einen Vorhang gezogen. Das ist alles peinlich — schlechtes Theater! Eine weitaus vernünftigere Lösung ist die, daß der Sarg nach der Feier einfach stehenbleibt und erst nach dem Weggang aller Trauergäste und Hinterbliebenen zur Verbrennungsanlage gebracht wird. Aber auch das ist eine unvollkommene Situation, ohne eigentlichen Abschluß. Man muß es erlebt haben: das immer erneute Zögern der Hinterbliebenen, den Raum und damit den Toten endgültig zu verlassen — und das Personal wird unruhig und drängt schließlich, weil vor der Tür die »Gäste« der nach dem Terminplan nächsten Trauerfeier schon warten. Besser ist der leider wenig geübte Brauch, den Sarg nach der Feier wie bei der Erdbestattung aufzunehmen und in das Krematorium zu tragen. Die kontinuierliche Folge bis zum konsequenten Abschluß des Bestattungsvorgangs, der Beisetzung der Urne, fehlt aber auch dann.

Die Suche nach neuen Möglichkeiten
Hier ist der Architekt aufgerufen, den Vorgang zu durchdenken und eine zwingende Folgerichtigkeit zu entwickeln, die der Feuerbestattung nicht nur ideologische Berechtigung, sondern einen der Erdbestattung ebenbürtigen geistig-kultischen Handlungsverlauf ermöglicht.
Ansätze dafür sind aufgezeigt worden. Feierraum und Verbrennungsraum liegen auf einer Ebene. Es ist allein eine Frage taktvoller Gestaltung, die Möglichkeit zu schaffen, daß nach Schluß der eigentlichen Aussegnungs- oder Trauerfeier — vorausgesetzt, Feier und Kremation finden am gleichen Ort statt — zumindest die Angehörigen und nächsten Freunde lediglich durch eine Türe dem Sarg in einen Raum folgen, in dem der Tote nunmehr gleich dem »Feuer« übergeben wird [27]. Die konsequenteste Form wäre das Einbringen des Sarges in die Verbrennungsanlage an der Stirnwand des Feierraumes vor den Augen der Trauerversammlung (s. letztes Beispiel der Funktionsschemata).

6.12 *Zur Ausgestaltung des Verbrennungsraumes*
Der Übergang vom im Krematorium wohl stets simultan und zumeist bei Erd- und Feuerbestattungen genutzten Feierraum — für dessen Ausgestaltung das unter 4.13 Gesagte zutrifft — in den Verbrennungsraum darf nicht kraß sein, etwa: hier Kult- dort Industrieraum. Das bedeutet, daß die Verbrennungsanlage einen — wie heute schon üblich — vorderen und einen hinteren Raum haben muß. Im vorderen sind die Öffnungen für das Einführen der Särge in die Öfen; er müßte dem Vorgang entsprechend sachlich, aber ebenso würdig sein. Die einzelne Einschuböffnung kann von einer schlichten, aber vom Werkstoff — Bronce, Edelstahl — her edlen Metalltür mit guter Oberflächenbearbeitung — aber bitte ohne Palmwedel! — verschlossen sein, so daß Raum und Ofenöffnung und auch der in Anwesenheit der Angehörigen vollzogene Vorgang des Einführens des Sarges in die Verbrennungskammer nichts Erschreckendes haben. Während der Drucklegung dieses Buches wurde das im Bildteil gezeigte Krematorium Leinfelden erbaut. Dort hat man die Ofenfront farbig bemalt; eine faszinierende Möglichkeit, Technik und Kulthandlung aufeinander abzustimmen. So wird das Endgültige des Geschehens, wenn nun in horizontaler Weise der Sarg dem Blick entschwindet, ein voll vergleichbarer Vorgang zum Versenken des Sarges im Grab bei der Erdbestattung.

Grundrißbestimmende Funktionsschemata für Krematorien

Angenommen ist die zumeist übliche Benutzung der Feierhallen für Erd- und Feuerbestattung. Das jeweilige Funktionsschema zeigt den Weg des Sarges vom Aufbahrungstrakt über die Feierhalle zur Erdbestattung oder zur Feuerbestattung und anschließend der Urne zur Beisetzung, und den Weg der Angehörigen bzw. der Gemeinde bei Erd- und Feuerbestattung.

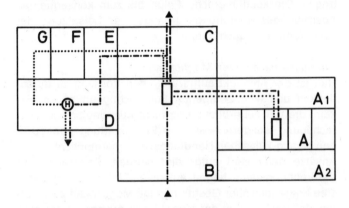

Variante 1 Bis zur Aufstellung in der Feierhalle ist der Weg des Sarges bei Erd- und Feuerbestattung von der Aufbahrung (A) bis zum Aufstellen in der Feierhalle (B) gleich. Bei Erdbestattung wird der Sarg durch die Durchgangshalle (C) zum Gräberfeld getragen, bei Feuerbestattung mit den Angehörigen im Gefolge zum Ofenvorraum des Krematoriums (E), die Angehörigen sind beim Einschub des Sarges in den Ofen dabei. Danach begeben sie sich in Begleitung des Geistlichen oder Sprechers in die Durchgangs- und Wartehalle (D), wo sie die auf 20 bis 30 Minuten reduzierte Verbrennungszeit im Gespräch über den Toten abwarten. Hier wird die Urne übergeben (H), und man verläßt mit dem Geistlichen das Gebäude in Richtung Urnenfeld zur Beisetzung.

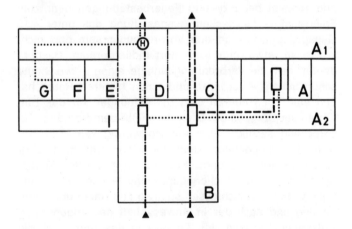

Variante 2 Hier ist die Durchgangshalle hinter dem Feierraum unterteilt, zum Verlassen des Gebäudes zur Erdbestattung (C) und für Aufenthalt und Durchgang nach der Feier zur Feuerbestattung (D). In diesem Beispiel können die Angehörigen, die nicht mit in den Vorraum für die Verbrennung (E) wollen, das Einführen des Sarges in die Verbrennungsanlage durch eine transparente Wand mitverfolgen, ohne daß sie den Vorraum für die Verbrennung betreten müssen. Im entsprechenden eingerichteten Durchgangs- und Warteraum (D) wird nach etwa 20–30 Minuten die Urne übergeben (H) und das Gebäude zur Beisetzung der Urne verlassen.

Die *Variante 3* geht in der Konsequenz der Angleichung von Erd- und Urnenbestattung in ihrem Ablauf am Weitesten: Auch hier ist die Durchgangshalle hinter dem Feierraum unterteilt in den Durchgangsraum für Erdbestattung (C) und den Durchgangs- und Aufenthaltsraum für Feuerbestattung (D). In diesem Fall ist jedoch die Verbrennungsanlage (F) unmittelbar mit dem Feierraum verbunden, so daß die Gemeinde (wie beim Versenken des Sarges bei der Erdbestattung) nun unmittelbar das Einführen des Sarges in den Ofen am Schluß der Feierhandlung miterlebt (was bei den Varianten 10 und 11 nur den Angehörigen und Freunden vorbehalten war). Danach begeben sich die Angehörigen und Teilnehmer an der Feier zur Kondolenz in den Durchgangsraum (D), um hier nach 20 bis 30 Minuten die Urne entgegenzunehmen (H) und sie gemeinsam zur Beisetzungsstelle zu geleiten.

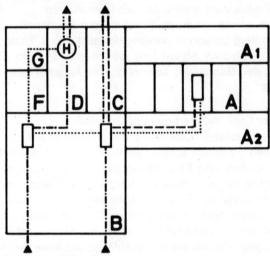

Die drei Funktionsschemata für die Krematorien wollen eine Möglichkeit aufzeigen, um den Vorgang der Feuerbestattung dem der Erdbestattung gleichwertig zu machen. Das setzt voraus, daß die Handlung keine lange Unterbrechung erfährt, sondern daß Feier- und Urnenbeisetzung zeitlich so zusammengezogen werden, daß sie eine kontinuierliche Handlung bilden. Voraussetzung dafür ist eine technische Umstellung der Kremationsöfen für einen höheren Hitzegrad, um den Verbrennungsvorgang von bisher meist 60 Minuten auf etwa 20 Minuten zu reduzieren. – Nur bei einer so kontinuierlich durchgeführten Handlung können die noch heute anzutreffenden Peinlichkeiten bei Feuerbestattungen vermieden werden, die durch Versenken des Sarges eine Erdbestattung imitieren oder mit dem Ziehen des Sarges hinter einen Vorhang schlechtes Theater liefern.

A = Aufbahrungskammern
A1 = Betriebsgang
A2 = Besuchergang
B = Feierhalle
C = Durchgangshalle für Erdbestattung
D = Durchgangshalle und Warteraum für Angehörige bei Feuerbestattungen
E = Vorraum für Verbrennung
F = Verbrennungsanlage mit ggf. mehreren Öfen
G = Urnenfüllraum
H = Urnenübergabe
I = Betriebsräume
a) – – – Weg des Sarges bei Erdbestattung
b) ······· Weg des Sarges und der Urne bei Feuerbestattung
c) –·–·– Weg der Angehörigen zu a) und b)

6.13 Die Verbrennungsanlage

Sarg und Leichnam werden ja nicht vom Feuer selbst verzehrt, sondern auf einem Rost im Hauptverbrennungsraum von bis auf 1000° Celsius erhitzter Luft umströmt, die Sarg und Leichnam fast vollständig verbrennen läßt. Die Asche fällt dann von einer Muffe auf eine Drehplatte zum ersten Nachverbrennen und Ausglühen; durch Drehen der Platte sackt die weithin ausgeglühte Asche zur zweiten Nachverbrennung in den unteren Teil des Ofens. Die Brandreste fallen dann schließlich durch Drehen des Aschenrostes in einen darunter stehenden Aschenwagen. In einem nur dem Krematoriumspersonal zugänglichen Arbeits- und Technikraum wird die Asche in eine Kapsel gefüllt und diese plombiert. — Den verschiedenen Verbrennungsvorgängen in verschiedenen Zonen entsprechend wird der Hitzegrad der Luft reguliert. Während des Ausglühens der Asche in der unteren Zone kann ein neuer Sarg schon auf den oberen Rost geschoben werden. Aschenverwechslungen oder -vermengungen sind dabei nicht möglich.

Die Öfen werden selten heute noch mit Koks, vorwiegend mit Gas, Öl und Strom geheizt. Ihre technische Entwicklung ist fließend [28]. Es soll daher hier darüber nichts weiter gesagt werden. Der Architekt setzt sich zweckmäßigerweise mit einschlägigen Herstellerfirmen in Verbindung, zumal der Einbau der Öfen ja seine Planung beeinflußt. Mit ihnen kann er auch die technische Frage des Erreichens höherer Hitzegrade zur Reduzierung des Verbrennungsvorgangs auf eine angestrebte Minimalzeit erörtern, damit die Urnenübergabe und -beisetzung nach der Kondolenz im Anschluß an die Feier erfolgen kann.

6.14 Raum für Aschenübergabe

Bei den derzeit üblichen Öfen dauert eine Einäscherung 40 bis 60 Minuten. Dem Erfindergeist sind keine Grenzen gesetzt; es müßte schon heute technisch möglich sein, die Verbrennungsdauer und das Verfüllen der Asche in die Kapsel auf eine Zeit von höchstens 20 bis 30 Minuten zu verringern. Bei derart kurzer Brenndauer könnten die Angehörigen dann nach dem Einschub des Sarges in den Ofen in einen weiteren, der Würde des Ortes, der hier möglichen Entgegennahme der Kondolenz oder einem besinnlichen Gespräch und der Handlung angemessen gestalteten Aufenthaltsraum geführt werden, wo sie dann im zeitlich auf ein Minimum reduzierten Anschluß an die Feier noch im Beisein des Geistlichen oder Redners in feierlicher Geste die Urne überreicht bekommen, so daß — immer noch vorausgesetzt, Feier, Kremation und Urnenbeisetzung finden am gleichen Ort statt — die Aschenbeisetzung in der Erde oder einer Urnenhalle bzw. -mauer unmittelbar nach der Verbrennung vorgenommen werden kann. Dann hätte man einen der Erdbestattung gleichwertigen ununterbrochenen Ablauf, dem das noch vorhandene, gegen die Technik gerichtete Gefühl genommen wäre [29]. Der schlichte Übergaberaum für die Asche braucht nur mit Sitzgelegenheiten — etwa Bänken an den Wänden oder nur wenigen, in variabler Gruppe aufzustellenden Stühlen — ausgestattet zu sein; wegen der angestrebten fließenden Handlung bedarf es nicht einmal eines Podestes zum Abstellen der Urnen.

6.2 Das Äußere des Krematoriums

Der Bau eines Krematoriums ist keine leichte Aufgabe für den Architekten. Drastisch ausgedrückt handelt es sich ja um einen Bau für eine kultische Handlung mit angefügter Industrieanlage. Der Volksmund könnte sagen »Kirche mit anhängender Fabrik«. Das ist natürlich ein Mißverständnis. Immerhin handelt es sich aber um das gestalterische Problem, ein Feierhaus — dessen Außenarchitektur unter 4.16 behandelt wurde — mit einer technischen Anlage zu verbinden, ohne die Technik zu verleugnen (es gibt Beispiele, wo man den hoffentlich bald nicht mehr erforderlichen Schornstein als Glockenturm zu kaschieren versuchte!).

6.3 Trennung von Feierhaus und Verbrennungsanlage

Die andere Konsequenz, die eine hier aufgezeigte Möglichkeit des folgerichtigen Handelns von der Aussegnung des Leichnams bzw. der Abschiedsfeier bis zur Beisetzung der Urne für weniger wichtig hält, es aber architektonisch für unvereinbar ansieht, eine technische Verbrennungsanlage mit einem Feierhaus und vielleicht dem Friedhof überhaupt zu verbinden, kann dann nur zu der von dem Architekten Professor Dipl.-Ing. Max Bächer, Stuttgart/Darmstadt, in einem Vortrag auf der AFD-Jahrestagung 1967 aufgezeigten völligen Trennung führen [30]. In diesem Falle ist der Friedhof als sinnvoller Standort für das Krematorium fragwürdig. Bächer will es sinngemäß dann auch ins Industriegebiet verlegen und nur die Urne auf dem Friedhof beisetzen. Solches Vorgehen ermöglicht sicher einen rentableren Anschluß an das Energieversorgungsnetz, wobei Ferngas ebenso nur noch eine Übergangslösung sein wird wie der Anschluß an herkömmlich erzeugte Elektrizität; die Energieerzeugung durch Kernspaltung kann auch hier künftig eine Rolle spielen.

6.4 Bauten für Urnenbeisetzungen

Die Beisetzung der Urne auf dem Friedhof bei einem zukunftsmöglichen Krematoriums-Standort im Industriegebiet ist sicher nicht ganz konsequent; folgerichtiger wäre dann auch Bächers Vorschlag, statt der Friedhöfe »katakombenartige Silo in der Größe eines 18geschossigen Hochhauses« zu bauen [31]. In einem solchen könnten die Toten einer Stadt der Größenordnung Karlsruhes untergebracht werden. Bei Urnenbestattungen in Kolumbarien reduziert sich — nach Bächer — die bisherige Friedhofsfläche auf ein Hundertstel. Bächer geht noch einen Schritt weiter, wenn er sagt: »Wissenschaft und Technik werden neue Methoden entwickeln, die sterbliche Hülle des Menschen auf noch wirtschaftlichere und ästhetischere Weise als bisher aufzulösen und zu zerstäuben« [32]. Solche Überlegungen können bei der Bevölkerungsexplosion im Weltmaßstab zu einer Notwendigkeit werden. Für den deutschen Bereich sind sie in absehbarer Zeit sicher nicht aktuell, da bei etwa gleichbleibender Bevölkerungszahl und einer wahrscheinlichen Durchführung des Mansholt-Planes zur notwendigen Konzentration der Landwirtschaft es bis auf die urbanen Ballungsgebiete künftig eher Brachland bei uns geben wird. Allerdings wird ein großer Teil solcher Brachflächen bei weiterer Verkürzung, aber Intensivierung der Arbeitszeiten als »Freizeitgrün« genutzt und gestaltet werden müssen.

6.41 *Kolumbarien*
Der Hinweis Bächers auf die Totensilos und Kolumbarien zeigt eine letzte, mit den zunehmenden Kremationen zusammenhängende Bauaufgabe auf. Urnenhallen und Urnenwände mit Nischen oder andere entsprechende Formen von Kolumbarien sind in Deutschland vorwiegend und auch dort nicht in übergroßer Zahl südlich der Mainlinie anzutreffen. Der Norddeutsche übergibt — und auch das hängt mit der nicht vollzogenen geistigen Auseinandersetzung mit der »Feuerbestattung« und einem hier nicht ganz konsequenten Verhältnis zur Natur zusammen — die Asche in der Urne eher der Erde; er setzt sie in eigenen Urnengräbern [33], in Urnenhainen oder zusätzlich in Familien-Erdgräbern bei; hier und dort findet auch eine überirdische Aufstellung in einem Denkmal auf dem Friedhof statt. Zumeist ist die Erdbeisetzung der Aschenkapsel in den Friedhofssatzungen entsprechend der Gesetzgebung der Länder [34] vorgeschrieben.

Die dem romanischen und mediterranen Bereich näher beheimateten Süddeutschen kennen in höherem Maße die Aufstellung der Urnen in eigens dafür errichteten Urnenhallen, -wänden oder sonstigen Bauwerken. Auch hier bieten sich dem Architekten Aufgaben, die zu sinnvolleren Lösungen als bisher beitragen können. So ist es im Hinblick auf den Flächenbedarf ökonomisch und gestalterisch u. U. besonders reizvoll, notwendige Umfassungsmauern, die Wände des Krematorium selbst, Stütz- und Brüstungsmauern und sonstige architektonische Akzente des Friedhofs für die Aufnahme der Urnen zu nutzen. Da vertikale Wände eine Mehrzahl von Urnen — wegen des erwünschten unmittelbaren Kontakts zu jeder Urnennische jedoch nicht mehr als drei Reihen — übereinander aufnehmen können, wird eventuell Grundfläche gespart. Das gilt aber nur für die zusätzliche Nutzung ohnehin notwendiger Wände und Mauern. Eigens für die Aufnahme von Urnen freistehend errichtete Mauern benötigen Wege- und Abstandsflächen, die ein Einsparen von Grundfläche für Urnengräber wieder aufheben. Wollte man mit den Urnenwänden wesentlich über die menschliche Höhe hinausgehen, um die Grundfläche ökonomischer zu nutzen, dann brauchte man wieder eine größere Vorfläche für auch seitlich fahrbare Aufzüge. Beispiele dieses Buches zeigen praktikable, d. h. würdige, allerdings nicht unbedingt ökonomische Lösungen [35]. Sie werden bei nachweislich zunehmender Kremation vermutlich häufiger als bisher gebaut werden, da die Mentalität der Deutschen wohl noch eine längere Gewöhnungszeit braucht, bis sie etwa dem Beispiel der nordischen Länder zu folgen vermag, die Aschen in gut gestalteten »Aschenfeldern« — Wiesen oder Hainlichtungen — ohne Urnen der Erde beizugeben. Ein Rasensoden wird dort ausgestochen, die Asche mit der Erde vermengt, der Rasensoden eingelegt, der Rasen erscheint wieder unversehrt. Für die Angehörigen ist die Beisetzungsstelle anonym; ein gemeinsames Denkmal steht für alle. In England dagegen werden schon mehr als 90% der Aschenreste in den »Garden of memorials« verstreut [36]. Die Namen der Verstorbenen werden dann zumeist in Gedächtnisbüchern festgehalten, die in Erinnerungsräumen (memorial room) aufbewahrt werden und dort eingesehen werden können.

Die Frage, die Raum- und Städteplaner immer wieder nach der zur Verfügung stehenden Fläche stellen, wird in den skandinavischen und englischen Beispielen — den letzteren folgen vor allem Ostblockstaaten [37] — in zweifacher Weise positiv beantwortet: die Urne braucht weniger Platz als der Sarg, die anonym beigesetzte oder gar verstreute Asche noch weniger, und die Ruhefristen der Aschen sind keine Frage mehr der Verwesungszeit, sondern allein der Pietät — hier könnte durch rechtliche Festlegung der Erinnerungsstätte entgegen den meist 25- bis 30jährigen Ruhefristen bei Erdbestattung wirklich »ewiges Ruherecht« gewährt werden. Eine Entwicklung in dieser Richtung wird sich bei uns nur langsam vollziehen.

Noch können wir in diesen Betrachtungen jene Totenhäuser außer acht lassen, die dem Begriff der Friedhofsbauten eine neue Dimension geben könnten: die auch für Körperbeisetzungen in den USA und Japan in jüngster Zeit errichteten Massen-»Mausoleen«, die wie im »Greenwood Bible Mausoleum« in San Diego, Kalifornien/USA in einem Hochbau auf einer Grundfläche von 65 x 160 m etwa 50 000 Tote aufnehmen können. Hier ist der »vertikale Friedhof« verwirklicht; der »architektonische Friedhof« hat dort eine andere Bedeutung als im Sprachgebrauch unseres Kulturraums bekommen, für den Prognosen in dieser Hinsicht zu stellen, riskant ist [38].

7 Die Einbeziehung der Friedhofsbauten in den Friedhof, in die städtebauliche Umgebung oder die Landschaft

Die Zusammenarbeit von Architekt und Landschaftsarchitekt

Die aufgeführten Friedhofsbauten mit funktionell unterschiedlichen Aufgaben sind nicht Selbstzweck, und sie können nicht für sich allein betrachtet werden. Sie sind integrierter Bestandteil der Friedhofsanlage, die als festumgrenzter, also gebauter Raum, selbst Architektur ist. Zum Wesen der Architektur gehört der bewußte Plan. Architektonische Planung hat zwei Komponenten: Erreichung des Zwecks und Befriedigung ästhetischer Bedürfnisse. Bei Friedhofsneuanlagen werden also Architekt und Landschaftsarchitekt nicht nur bei der Festlegung des Standorts der Bauten — unter Beachtung auch der außerhalb des Friedhofs liegenden planerischen Gegebenheiten und Möglichkeiten — und ihrer Einbindung in das Wegenetz des Friedhofs zusammenarbeiten, sondern auch gemeinsam Überlegungen hinsichtlich der Baukörper anstellen. Die äußere Erscheinungsform der Bauten wird nicht nur vom funktionsbedingten Grundriß, sondern auch vom Erscheinungsbild des Friedhofs mitbestimmt, das wiederum in Beziehung zum Umland oder der umgebenden städtebaulichen Situation steht bzw. stehen sollte. Da der großstädtische Bezirksfriedhof kaum noch »Parkfriedhof« im herkömmlichen Sinne sein kann, ist gegebenenfalls ein Abstimmen der Friedhofsbauten auf die Bebauung außerhalb des Friedhofs durchaus erforderlich. Die Voraussetzungen für eine notwendigerweise über Belegungsfristen, d. h. zugleich Generationen, vorausschauende Friedhofsplanung können im Rahmen dieses Buches nicht aufgeführt werden [39]. Aber hingewiesen werden muß auf die besondere Eigenart des Friedhofs, daß seine Ausführung, d. h. die Verwirklichung des Planungsentwurfs, nie beendet wird. Durch die ständige Neuanlage von Gräbern, nach gewisser Zeit nebenherlaufende Auflassung von Grabstellen, Erschließung neuer Gräberfelder, Wiederbelegung aufgelassener Felder, Wuchs und Auswechseln der Pflanzen usw. ist der Friedhof in einem latenten Zustand der Ausführung bis er — oft nach vielen Generationen — geschlossen und aufgelassen und dann vielleicht in einen annähernden Ruhezustand gebracht wird (»annähernd«, weil auch dann seine Gestaltungselemente bzw. Bestandteile vorwiegend pflanzlicher Natur sind).
Planung und Ausführung des Friedhofs erleben also ihre Vollendung nur für einen Augenblick, die kurz bemessene Zeit zwischen Schließung des vollbelegten Friedhofs und seiner Auflassung, d. h. Entwidmung, da mit ihr meist eine allmähliche Umwandlung in eine öffentliche Grünanlage einherläuft.
Aus diesem latenden Zustand des Status nascendi sind herausgenommen die Friedhofsbauten. Als normalerweise sich nicht verändernden Fixpunkten in einer sich ständig leicht verändernden Umgebung kommt ihnen eine besondere Bedeutung zu, zumal sie ohnehin durch ihr Volumen zumeist die gewichtigsten Akzente und damit zugleich Orientierungspunkte im Friedhof sind. Topographische Gegebenheiten können das noch unterstreichen.

Solche anscheinende und bisher übliche Festlegung ist jedoch nicht zwingend. Es ist durchaus vorstellbar, auch Friedhofsbauten *flexibel* zu planen und zu bauen. Das kann sinnvoll sein bei einem großen, in mehreren Bauabschnitten anzulegenden Friedhofsprojekt, für das eine Friedhofshalle für Aufbahrung und Feier schon im 1. Bauabschnitt zwingend notwendig, nach Fertigstellung der Gesamtanlage aber ein anderer Standort geeigneter ist. Nicht immer wird man sich zu einer »Wegwerf-Architektur«, vielleicht aber zu einem *demontablen Verfügungsbau* aus Fertigteilen oder etwa nach dem Mero-System entschließen — Standortveränderungen für die Bauten können sich u. U. auch bei späteren Friedhofserweiterungen als zweckmäßig herausstellen. In anderen Fällen des abschnittweisen Ausbaues eines Friedhofs mag bis zum erst später möglichen Neubau auf dem endgültigen Standort zunächst ein *Provisoriumsbau* errichtet werden. Nicht nur sparsam, sondern auch sinnvoll kann es dann sein, Innenausstattung und gegebenenfalls auch technische Einrichtungen, auf die schon beim Provisorium nicht verzichtet werden kann (eventuell Kühlanlage), flexibel und variabel im Hinblick auf eine Weiterverwendung zu halten. Auch solche Zweckmäßigkeitsüberlegungen im Hinblick auf demontable oder Provisoriumsbauten können nur gemeinsam vom Architekten und Landschaftsarchitekten angestellt werden.
Innerhalb der schnell fließenden Entwicklung sollten wohl auch Friedhofsprojekte und -bauten *Modelle* bleiben, Modelle eines neuen Sachverhalts. Und das nicht nur im Hinblick auf die Entsakralisierung der Friedhofsbauten in einer säkularisierten Welt, die auf dem simultanen Friedhof auf ausschließlich christliche Interpretationen verzichten muß. Andererseits gehört Religion zur Bestim-

mung des Menschen; er fragt über die Endlichkeit hinaus. Und gerade das Problem des Todes hat einen besonderen Bezug zum Religiösen. Dieses Problem erschwert dem Architekten die Aufgabe bei den Friedhofsbauten. Doch ist die Würde, die dem Friedhofsbau eigen sein muß, sicher nicht an Raum- und Bauformen gebunden [40].

Die Aufgabe der Architekten ist es, die hierzulande heute noch weithin unvollkommenen Friedhofsbauten einer dem Kulturanspruch angemessenen Lösung zuzuführen [41]. Wo haben wir sonst noch kulturbestimmenden »Kult«? Dieses Buch will verschiedenartige Beispiele zeigen oder zumindest Ansätze dazu.

Nachsatz

»Die potentielle Kraft der Architektur als Kunstform ist gewaltig. Man hat gesagt, daß wir unsere Bauwerke formen und daß die Bauwerke uns formen (angesichts des Todesgeschehens ist der Mensch besonders beeindruckbar; Anm. d. Verf.). Sie wirken auf uns ein; auf den entscheidenden Bewußtseinsebenen formen oder deformieren sie uns. Für einen Bauausschuß ist es vor allem wichtig, einen guten Architekten anzustellen!«

E. A. Sövik, amerikanischer Architekt [42].

Anhang

Anmerkungen

1 Otto Bartning: Vom Raum der Kirche, Seite 125, Bramsche b. Osnabrück, 1958.

2 vgl. Seite 28.

3 Hans-Kurt Boehlke: Der Gemeindefriedhof — Gestaltung und Ordnung, Köln und Berlin 1966, Seite 36 ff., — Neue Auswertungen werden im Rahmen eines Forschungsauftrages des Bundesministeriums für Städtebau und Wohnungswesen »Der Friedhof als Planungselement der Stadtentwicklung« 1973 vorgelegt.

4 Im Textteil greift der Verfasser auf frühere Ausarbeitungen zurück, so im wesentlichen auf entsprechende Ausführungen in seinem Buch »Der Gemeindefriedhof — Gestalt und Ordnung«, Köln 1966 und auf einen Aufsatz in »Kunst und Kirche« Nr. 3/1966. In der vorliegenden Veröffentlichung wurde jedoch das Thema insgesamt behandelt und im Gegensatz zu den früheren Teilveröffentlichungen mit gebauten Beispielen der jüngsten Zeit bebildert. Gerade das schien dem Verfasser für Architekten und Friedhofsbauten planende Gemeinden wesentlich.

5 U. U. geht diese »Aussegnung« noch auf die Reinigungsvorschrift im jüdischen Kult zurück, da die Berührung eines Toten »unrein« machte; durch den Segen sollten er und die Lebenden »immun« werden.

6 Für die katholischen Diözesen des deutschen Sprachgebiets liegt ein neuer Begräbnisritus im Entwurf vor. Danach sind jetzt 4 Formen des Begräbnisses vorgesehen:
1. mit drei Stationen (Trauerhaus, Kirche, Grab)
2. mit zwei Stationen (Friedhofskapelle bzw. Feierhalle, Grab)
3. mit einer Station (Krematorium oder Friedhof)
4. Kinderbegräbnis.

7 Jürgen Gaedke: Handbuch des Friedhofs- und Bestattungsrechts, 3. Auflage, Köln, Bonn, Berlin, München, 1971, Seite 51

8 Zitiert nach einem Tagungsbericht von Alfred Nemeczek: »Fühlt sich die Kirche in den neuen Kirchen wohl?« in der »Hessischen Allgemeine« vom 9. 9. 1965.

9 Am 25. 6. 1836 in Opatow in Posen als Tochter eines Pächters und späteren Rittergutsbesitzers geboren und später auf dem Gut »Friederikenhof« bei Reichthal im ehemaligen Bezirk Breslau am 23. 2. 1904 gestorben, hat sie während ihres ganzen »dichterischen« Lebens merkwürdigerweise immer wieder den Bau von Leichenhäusern gefordert und für sie konkrete Vorschläge gemacht. Sie war durchdrungen von ihrer Erkenntnis »Poesie ist Leben, Prosa ist der Tod«. — Um ihrer Forderung nach dem Bau von Leichenhäusern Nachdruck zu verleihen, hat sie mit großer Akribie um die Mitte des vorigen Jahrhunderts »Notizen über den Zeitpunkt des Eintritts der Verwesung nach eigenen Beobachtungen hierselbst, und ohne Auswahl aufgezeichnet.«

10 Vgl. Friederike Kempner: »An der Tugend nur genippet . . .«, Zürich 1961, Seite 74 ff.

11 Jacob Atzel: Über Leichenhäuser vorzüglich als Gegenstände der schönen Baukunst betrachtet. Stuttgart bei Johann Benedikt Metzler, 1796. —
Der Autor, Königl.-Preußischer Landbauinspektor in Ansbach, fordert u. a. (Seite 13): »Was die Beschaffenheit der Leichenhäuser betrifft, so müssen solche als heilige öffentliche Gebäude sich von den profanen überhaupt durch Ernst und Feierlichkeit auszeichnen«. In Kupferstichen stellt der Autor eigene Entwürfe vor.

12 Hier wird nicht von den Aufbahrungen in weithin schon nach amerikanischem Vorbild geführten privaten Bestattungsinstituten gesprochen, wobei sich z. T. ein pompe funèbre anbahnt, wie man ihn in Süddeutschland bei vorwiegend kommunaler Bestattung in solchem Ausmaß noch nicht kennt.

13 Man sollte sie nach den Ausführungen dieses Buches sinnvoller Aufbahrungshäuser und Aussegnungs- oder einfach Friedhofshallen nennen, denn der herkömmliche Begriff der Leichenhalle umschließt ja vielfach diese beiden unter einem Dach oder auch getrennt, aber mit verschiedener Bestimmung errichteten Bauteile.

14 So entsprechen z. B. die Gebete des katholischen Rituals in der Friedhofshalle denen, die bei der Aussegnung vor dem Trauerhaus gebetet werden.

15 Der Raum erfährt also keine eigentliche Weihe, sondern eine »Segnung«, so wie in Landschaften mit vorwiegend katholischer Bevölkerung die Räume konfessioneller Schulbauten, die Fahrbahn einer Brücke, Fahrzeuge usw. »gesegnet« werden, damit sie im Dienst und im Gebrauch der Menschen diesen Segen bringen sollen. In gleicher Weise bleiben die so gesegneten Friedhofshallen im Bereich des Profanen wie die Brücken und Schulen, bei denen man oft ebenso läßlich auch von einer »Brückeneinweihung«, einer »Schulweihe«, einer »Fahnenweihe« usw. spricht.

16 Vielleicht wird sich ein Unterschied bei rein konfessionell genutzten Friedhofshallen in der Ausstattung des Innenraumes deutlich machen. So wird vielfach auf katholischen Konfessionsfriedhöfen bei der Aussegnungshalle zumeist nicht auf einen Altar verzichtet (wodurch der Bau eigentlich eine Friedhofskapelle wird), der in die »profanen« Aussegnungshallen nicht hineingehört, da z. B. die übliche Mensa auch nach evangelischem Verständnis der Abendmahltisch des Herrn ist, dieses gottesdienstliche Sakrament aber bei der evangelischen Aussegnungsfeier oder gar einer freidenkerischen Handlung nicht gespendet wird.

17 Beispiel Beverungen, Seite 82 von Architekt W. Berens, Köln. Über die Dächer der Aufbahrungskammern und Nebenräume geht die Hangbepflanzung hinweg; lediglich das Dach der Feierhalle ist emporgezogen. — Vergleiche auch Leinfelden, Seite 119, von Prof. M. Bächer, Stuttgart.

18 Ansgar Henze: Ermittlung des Raumprogramms für Friedhofsbauten — Ein Problem der Friedhofsplanung, Dissertation TH München 1970, Seite 15 ff. Der Verfasser erläutert detailliert ein »Verfahren zur Berechnung der Leichenstellplätze«. Bedeutsam vor allem für städtische Bauten!

19 s. Henze, a. a. O., Seite 19 ff.

20 Auf den Zusammenhang der zentrierten Friedhofskapelle mit frühchristlichen Tauf- und Grabkirchen und die sinnbildliche Deutung des Kreises als der christlichen Gemeinde, in die der Christ aufgenommen und der er selbst im Tode zugehörig bleibt, wurde auf Seite 14 ff. ebenso hingewiesen wie auf die Wegarchitektur von der frühchristlichen Basilika hergeleiteter Langbauten.

21 Es gibt Friedhofs- und Bestattungsämter — wie das der Stadt Mannheim —,

die geeignete Modelle selbst entwickelt haben. Für die Aufbahrung in der Halle geeignet ist der nur 50 bzw. 56 cm hohe, anthrazit-grau (so daß er keiner schwarzen Tuchumkleidung bedarf) lackierte Bahrwagen »Kurier« der Firma »Funeralia« in Würzburg-Versbach. Auf solchem Wagen kann der Tote von der Einlieferung zur Aufbahrung über die Feier in der Halle bis zum Verbringen an das Grab oder in das Krematorium verbleiben.

22 Nachschlagewerk: W. Furrer. »Raum und Bauakustik für Architekten«, Birkhäuser Verlag Basel und Stuttgart.

23 s. Anmerkung 18

24 Die Forderung, daß sich die Leichenhalle »zu ebener Erde befinden« muß (Gaedke a. a. O., Seite 49 ff. bzw. im Anhang dieses Buches) ist also keineswegs schlüssig.

25 Über Größe, Tonlage und zweckmäßigste, auch statisch richtige Aufhängung unterrichten erfahrene Glockengießereien und der Verband Deutscher Glockengießereien in Düsseldorf. Vgl. auch das »Glockenmerkblatt« vom Arbeitsausschuß des Evgl. Kirchbautags, abgedruckt in »Kunst und Kirche« 3/1958, Seite 141 ff.

26 In Tokio und anderen japanischen Städten wurden in den letzten Jahren verkehrsbedingt Friedhöfe aufgelassen und an ihrer Stelle auf bescheidener Grundfläche Hochhäuser zur Aufnahme der Aschenkästen errichtet.

27 In Holland z. B. ist es gesetzliche Vorschrift, daß die Verbrennung unmittelbar im Anschluß an die Aussegnungs- oder Abschiedsfeier vorgenommen wird (allerdings sind auch hier die Angehörigen nicht beim eigentlichen Verbrennungsvorgang zugegen).

28 Im z. Z. im Bau befindlichen Krematorium in Southampten/England sollen die Öfen der Fa. Shelton nach Auskunft des Architekten durch verbesserte Schamotteeinlagen solche Hitzegrade erreichen, daß für die Kremation nur 20 bis 30 Minuten benötigt werden. Theoretisch wäre auch ein Vernichten der Leichname mit Laserstrahlen auf schnelle und rationale Weise im Krematorium möglich.

29 Dieses Gefühl und das Unbefriedigende des Ablaufs der Feierhandlung bei Kremationen führt wohl auch dazu, daß nach jüngster Statistik des Volks-Feuerbestattungs-Vereins, Berlin, dessen Mitglieder, die zu 90% die Feuerbestattung anordnen, mit nun schon über $1/3$ hinaus steigender Tendenz keine Feier mehr mit aufgebautem Sarg vor der Kremation abhalten; von diesem Drittel wünschen jedoch noch die Hälfte eine »Kapselfeier« mit Sprecher oder Geistlichem auf dem Friedhof, die übrige Hälfte eine »stille« Urnenbeisetzung nur mit den nächsten Angehörigen.

30 Max Bächer: Gedanken zur Friedhofsarchitektur, »Friedhof und Denkmal« 5/1967, vollständig abgedruckt in »der landkreis« Nr. 11/1967.

31 s. Anmerkung 26.

32 M. Bächer weist a. a. O. (der landkreis, Heft 11/1967, Seite 350) noch auf die Möglichkeit der chemischen Auflösung des Leichnams hin, die – von Bächer nicht zitiert – z. B. Fürst Pückler, einer der geistigen Vorväter heutiger Landschaftsarchitekten, für sich anordnete. Dabei wären – selbst bei der möglichen Auflösung der Leichen durch Säuren – die Gefahren der Umweltverschmutzung strengstens zu beachten!

33 Über deren Gestaltungsmöglichkeiten siehe Boehlke: Der Gemeindefriedhof – Gestalt und Ordnung, a. a. O., Seite 129.

34 Die Gesetze für das Bestattungswesen sind oder werden z. Zt. in mehreren Bundesländern novelliert; Änderungen für Aschenbeisetzungen sind zumeist vorgesehen.

35 Pater Donatus M. Leicher, OP, Freiburg i. Breisgau, schlägt in einem Brief an den Verfasser vor, »daß man den Raum der Krypta unter einer neuen Kirche so ausbaut, daß die Urnen aufgenommen werden könnten. Dann wäre das, was von den Toten übrig blieb, beim Gottesdienst in unmittelbarer Nähe der betenden Gemeinde... Denn das Gebet im Gottesdienst gilt ja auch den Toten. Früher lagen ihre Leiber um die Kirche, jetzt könnten ihre sterblichen Überreste wiederum in den Bannkreis der Kirche aufgenommen werden.« – Ein guter Gedanke, dem z. Zt. nur entgegensteht, daß man keine »Kirchen« mehr, sondern bestenfalls Gemeindezentren baut; aber auch solche Tendenzen wandeln sich.

36 Prozentsatzangabe nach: Soziologische Aspekte der Feuerbestattung, Bericht an den Kongreß des ICF (Internationaler Verband für Feuerbestattung) in Stockholm im Mai 1960, Seite 54.

37 Hans-Kurt Boehlke: Gemeinschaftsaufgabe Friedhof – Tendenzen, in »der landkreis« 11/1970, Seite 396 ff.

38 Hans-Kurt Boehlke: Auf dem Weg zum vertikalen Friedhof?, in »Gartenwelt« Nr. 21, 73. Jg., Nov. 1973.

39 Hans-Kurt Boehlke: Über den Friedhof der Zukunft – Zur Gestaltung des Friedhofs in Planung und Ausführung, in »Öffentliche Dienste« Bd III, 1971, Seite 45 ff. Ders.: Der Friedhof als Erholungsfläche und Bestandteil des öffentlichen Grüns?, in BDLA-Heft 14 »Friedhofsplanung«, München, 1974

40 Mit Bedauern ist bei solcher Feststellung zu warnen vor Veröffentlichungen, zum Teil in Fachzeitschriften oder in Prospekten, die Architekten und Gemeinden als »Hilfe« in die Hand gegeben werden (z. B. »Wir bauen eine Friedhofshalle«, herausgegeben von Hopf, Pietätartikel GmbH), in denen Pseudo-Sakralbauten – besonders schlimm im genannten Hopf-Ratgeber – als Beispiel vorgestellt werden.

41 G. Koch: Der Tod und die Gesellschaft, Bauwelt 45 (November 1967), Seite 114: »Diejenigen Bauten, von denen wir uns abgesetzt haben als den abstrakt konzipierten Fluchtburgen des vertriebenen Geistes, wollten dem Gedanken der Unsterblichkeit noch ihren Tribut zollen. Sie stellen sich noch in die Nachfolge der großen Ideen der Vergangenheit, die als Unendlichkeit, Unsterblichkeit, als Absolutes oder wie auch immer leuchtende Sterne am Himmel der Menschheit darstellten und den Blick von den Unvollkommenheiten und Endlichkeiten und der Mühsal des weltlichen Daseins weg in die überweltliche Welt des Vollkommenen lenkten.«

42 Zitiert nach »Kirche und Kunst«, Nürnberg, Dezember 1968, Heft 5, Seite 69.

Literaturverzeichnis

Jacob Atzel, »Über Leichenhäuser vorzüglich als Gegenstände der schönen Baukunst betrachtet«, mit 4 Kupfern, Stuttgart 1796

Robert Auzelle, »Dernières demeures«, Paris 1965

Max Bächer, »Gedanken zur Friedhofsarchitektur« in Zeitschrift »der landkreis«, Heft 11/1967 und zusammengefaßt in Zeitschrift »Friedhof und Denkmal«, Heft 5/1967

Friedrich Berndt, »Gestaltung von Friedhofbauten unter besonderer Berücksichtigung der ländlichen Kapelle«, Manuskriptdruck Heft 5 der Schriftenreihe des BDGA: Friedhofsplanung, 1968

Hans-Kurt Boehlke, »Der Gemeindefriedhof – Gestalt und Ordnung«, Köln 1966

Hans-Kurt Boehlke, »Friedhofskapellen und Aufbahrungshallen« in Zeitschrift »Kunst und Kirche« Nr. 3/1969

Hans-Kurt Boehlke, »Der Friedhof als Stätte der Verkündung« in Zeitschrift »Kirche und Kunst« Nr. 1/1969

Hans-Kurt Boehlke, »Gemeinschaftsaufgabe Friedhof – Tendenzen« in »der landkreis« 11/1970

Hans-Kurt Boehlke, »Über den Friedhof der Zukunft – Zur Gestaltung des Friedhofs in Planung und Ausführung« in »Öffentliche Dienste« Bd III, 1971

Hans-Kurt Boehlke, »Die Stellung des Friedhofs in den heutigen europäischen Gesellschaften«, Seminarbericht »Der Friedhof« des ÖGA vom Dezember 1971 und in »Kunst und Kirche« 2/1972

Egon Eiermann u. a., Lehrstuhl für Bauplanung und Entwerfen, Universität Karlsruhe: Bestattungskult, Diplomarbeit 1968

Jürgen Gaedke, »Handbuch des Friedhofs- und Bestattungsrechts« 3. Auflage, Köln, Berlin, Bonn, München 1971

Ansgar Henze, »Ermittlung des Raumprogramms für Friedhofsbauten – Ein Problem der Friedhofsplanung« Dissertation München 1970. (Diese wichtige Arbeit wurde leider erst nach Abschluß dieses Buchmanuskripts veröffentlicht. Einige Hinweise auf sie konnten aber dank der Geduld des Verlages nachträglich noch eingearbeitet werden.)

Adolf Hüppi, »Kunst und Kult der Grabstätten«, Olten/Schweiz 1968

Friederike Kempner, »An der Tugend nur genippet...« – mit einem ganz diskreten Blick in »Friederikes Denkschrift über die Notwendigkeit einer gesetzlichen Einführung von Leichenhäusern«. Auswahl und Geleitwort von Percy Eichbaum, Zürich 1961.

M. Mittag und K. Henjes, »Friedhofskapellen, Planungsgrundlagen«, DBZ – Entwurfsstudie, bearbeitet im Institut für Bauplanung und Bautechnik, Detmold

Peter Poscharsky, »Neue Kirchen, Kirchenzentren, und Friedhofskapellen in der Braunschweigischen Ev.-luth. Landeskirche«, München 1968

Johannes Schweizer, »Kirchhof und Friedhof«, Linz 1956

Otto Valentinen/Josef Wiedemann, »Der Friedhof – Gestaltung, Bauten, Grabmale«, München 1963

P. C. Boone, A. Heuer, N. J. Rald, »Soziologische Aspekte der Feuerbestattung«, Manuskriptdruck der Volks-Feuerbestattung, Berlin 1960

In folgenden Zeitschriften erscheinen von Fall zu Fall Monographien über Friedhofsbauten:
»Bauwelt«, Berlin
»Deutsche Bauzeitung«, Stuttgart
»Der Baumeister«, München
»Deutsche Friedhofskultur«, Aachen
»Garten und Landschaft«, München
»Das Gartenamt«, Hannover
»Kunst und Kirche«, Gütersloh und Linz
»Ignis«, Stockholm

Auszug aus dem »Handbuch des Friedhofs- und Bestattungsrechts« von Dr. Jürgen Gaedke

3. Auflage, 1971.
Wegen der Besonderheiten des Friedhofsrechts werden im folgenden zwei den Inhalt unserer Veröffentlichung behandelnde Abschnitte aus Dr. Gaedkes »Handbuch des Friedhofs- und Bestattungsrechts« als Anhang abgedruckt. Nicht alle Passagen der dargelegten Rechtsauffassung werden mit den Vorstellungen der Gestalter übereinstimmen. Doch müssen nicht unbedingt alle Darstellungen des Juristen, dort wo er sich mit der Frage des Standortes und anderen gestalterischen Überlegungen befaßt, für die Friedhofsbauten in jedem Fall verbindlich sein.

Seite 49ff.
Teil I, Kapitel 5, § 4 Friedhofsbauten

1. Öffentliche Begräbnisplätze als solche stellen keine »Bauten« im Sinne der baurechtlichen Bestimmungen – Bauordnungen – dar und unterliegen daher keiner baurechtlichen Genehmigungspflicht. Wohl aber bedarf die Errichtung baulicher Anlagen auf einem Friedhof der baurechtlichen Genehmigung. Dies gilt sowohl für Verwaltungsgebäude, Leichenhallen, Friedhofskapellen, Feuerbestattungsanlagen, Mausoleen, Brunnen u. a. m. wie auch für die Errichtung von Einfriedungsmauern, Stützmauern und sonstiger fester Einfriedungen auf Steinsockeln[53].
Für die Errichtung von Baulichkeiten auf dem Friedhof und ihre Beschaffenheit gelten die allgemeinen baurechtlichen Bestimmungen. Größe und Einrichtung werden sich nach den örtlichen Verhältnissen und Bedürfnissen richten. Für die Dringlichkeit mag folgende Reihenfolge als Anhalt dienen: Leichenhalle (Aufbahrungsraum), Wärterzimmer, Friedhofskapelle oder Aussegnungshalle, Toiletten, Seziersaal, Aufenthaltsraum für die Geistlichen (Sakristei), Aufenthalts- oder Warteraum für das Trauergefolge usw.

[53] Die Bauabstände von Friedhöfen sind in den jeweiligen Bauordnungen geregelt. Für Bauten auf Friedhöfen finden diese Vorschriften keine Anwendung.

Zweckmäßig und vielfach auch die beste Lösung ist es, alle Gebäude am Friedhofseingang zu einer Gruppe zusammenzufassen. Auf eine einfache, zwecksprechende, aber würdige architektonische Gestaltung der Bauten ist Wert zu legen, insbesondere sollten sich die Gebäude sichtbar von irgendwelchen profanen Baulichkeiten der Umgebung unterscheiden. Kleine und kleinste Baukörper soll man möglichst an andere anlehnen, mindestens an die Umfriedungsmauer oder den Eingang.

2. Von besonderer Bedeutung sind die Leichenhallen (Leichenhäuser). Eine allgemeine gesetzliche Verpflichtung der Gemeinden zur Errichtung und Unterhaltung von Leichenhallen besteht nicht. Wohl aber schreibt § 6 der Verordnung zur Durchführung des Feuerbestattungsgesetzes vom 10. August 1938 (RGBl. I. S. 1000) vor, daß für jede Feuerbestattungsanlage eine Leichenhalle vorhanden sein muß, in der die Leichen vor der Einäscherung aufbewahrt werden können.

Die Erstellung von Leichenhallen ist jedoch aus gesundheitlichen Gründen sehr erwünscht. Die baldige Entfernung der Leiche aus dem Sterbehaus und aus der Umgebung der Lebenden ist für die öffentliche Gesundheitspflege von großer Bedeutung, insbesondere wenn es sich um die Leiche einer Person handelt, die an einer gemeingefährlichen oder übertragbaren Krankheit gestorben ist. Die Gesundheitsämter haben daher auf die Errichtung und einwandfreie Beschaffenheit von Leichenhallen hinzuwirken[54]. Die Errichtung von Leichenhallen kann zudem in den früher preußischen Gebieten durch eine diesbezügliche besondere Verordnung für den Bereich eines Regierungsbezirks oder Kreises vorgeschrieben werden.

Eine Verpflichtung der Gemeinde, eine Leichenhalle zu errichten, wird sich dann ergeben, wenn dies aus gesundheitspolizeilichen Gründen als notwendig anzusehen ist, also insbesondere in größeren Gemeinden. Die zunehmende Bevölkerungsdichte und die Wohnverhältnisse wecken jedoch häufig auch in kleineren Gemeinden das Bedürfnis, Leichenhallen zu errichten. Die Überführung in vorhandene Leichenhallen ist bei Toten, die an einer übertragbaren Krankheit gestorben sind, ohnehin gesetzlich vorgeschrieben. Jedoch darf eine Überführung in allen Fällen erst erfolgen, wenn durch die Leichenschau der Tod mit Sicherheit festgestellt worden ist.

[54] § 75, Abs. 3 der Dienstordnung für die Gesundheitsämter – Besonderer Teil – vom 30. 3. 1935 –6–.

Jede Gemeinde sollte, wenn sie noch nicht über eine Leichenhalle verfügt und die finanziellen Mittel aufbringen kann, eine Leichenhalle errichten.

Leichenhallen sind entweder Bestandteil öffentlicher Friedhofsanstalten oder stellen selbst öffentliche Anstalten dar. Sie sollten möglichst in Verbindung mit Friedhöfen oder in unmittelbarer Nähe derselben errichtet werden, doch sind auch Ausnahmefälle denkbar. Die äußere Form der Leichenhalle ist der Friedhofsanlage anzupassen.

Voraussetzung, Art, Umfang und Form der Benutzung sowie die Gebühren sind vom Anstaltsträger in der Friedhofsordnung oder einer besonderen Leichenhallenordnung zu regeln.

Größe und Einrichtung der Leichenhalle werden sich nach den örtlichen Bedürfnissen richten. Sie muß sich zu ebener Erde befinden*, die Leichenzellen sollen kühl, gut verschließbar, ausreichend, hell, leicht zu lüften und gegen Zutritt von Tieren und Insekten geschützt sein. Fußboden und Wände müssen rasch und sicher zu reinigen und zu desinfizieren sein. Ob mit der Leichenhalle noch andere Friedhofseinrichtungen, z. B. Friedhofskapelle oder Aussegnungshalle, Aufenthaltsraum für Trauergäste, Diensträume des Friedhofspersonals, Abstellräume, Toilettenanlagen usw. verbunden werden sollen, ist nach den örtlichen Gegebenheiten zu entscheiden, jedoch darf sie niemals mit einem oberen Stockwerk, welches zu Wohnungs- oder anderen, der Leichenbeisetzung fremden Zwecken dient, überbaut werden. – Wenn irgend möglich, sollte ein besonderer Raum für die Vornahme von Leichenöffnungen, der die für diesen Zweck erforderlichen Einrichtungen zu enthalten hat, vorgesehen werden.

Die Kosten der Errichtung einer Leichenhalle hat in allen Fällen die politische Gemeinde zu tragen, auch dann, wenn es sich um einen kirchlichen Friedhof handelt. Benutzen auch andere Gemeinden den Friedhof mit, so haben sie sich an den Kosten für die Errichtung der Leichenhalle anteilig zu beteiligen.

3. Zu unterscheiden von der Leichenhalle sind die Friedhofskapellen und Aussegnungs- oder Parentationshallen. Diese dienen ausschließlich der Abhaltung der Begräbnisfeierlichkeiten und dürfen zur Aufbewahrung von Leichen nicht benutzt wer-

* Eine Forderung, die sicher nicht als ausschließlich aufgefaßt werden muß – vgl. S. 50 ff. im Handbuch des Friedhofs- und Bestattungsrechts – und vielfach auch nicht wird, wie zahlreiche Beispiele belegen.

den, vielmehr wird der Sarg dort erst unmittelbar vor der Begräbnisfeier aufgebahrt.

Friedhofskapellen sind auf kirchlichen Friedhöfen in der Regel als rein kirchliche Gebäude anzusprechen, so daß für Angehörige anderer Konfessionen oder Konfessionslose kein Anspruch auf Benutzung der auf dem Friedhof stehenden Kapelle besteht, soweit diese nicht nur Begräbnisfeierlichkeiten, sondern auch anderen gottesdienstlichen Zwecken dienen.

Seite 229 ff.
Teil IV, Kapitel 4: Feuerbestattungsanlagen

Die Einäscherung von Leichen darf nur in behördlich genehmigten Anlagen – Feuerbestattungsanlagen, Krematorien – vorgenommen werden.

Die Genehmigung einer Feuerbestattungsanlage darf nur Gemeinden, Gemeindeverbänden und solchen Körperschaften öffentlichen Rechts erteilt werden, denen die Sorge für die Beschaffung öffentlicher Begräbnisplätze obliegt. Damit sind Körperschaften öffentlichen Rechts, denen kein Sorgerecht für die Beschaffung öffentlicher Begräbnisplätze übertragen ist, sowie Privatpersonen, Vereine und Gesellschaften jeder Art zunächst von der Berechtigung zur Errichtung von Feuerbestattungsanlagen ausgeschlossen. – Da das Gesetz keine Bestimmung darüber enthält, welche Behörde die Genehmigung zu erteilen hat, ist es der landesrechtlichen Regierung überlassen, zu bestimmen, welche Behörde für die Genehmigung zuständig sein soll[30]. Auch die Feststellung der Bedingungen, die gegebenenfalls an die Errichtung von Feuerbestattungsanlagen zu knüpfen sind, ist den obersten Landesbehörden überlassen[31].

Will die Körperschaft, der die Genehmigung erteilt ist, diese nicht selbst wahrnehmen, so kann sie die Errichtung und den Betrieb der Feuerbestattungsanlage mit Zustimmung der Aufsichtsbehörde widerruflich einem rechtsfähigen Feuerbestattungsverein übertragen. Diese Vorschrift er-

[30] In den früher preußischen Gebieten ist dies der Regierungspräsident (vgl. Runderlaß des preuß. MdI vom 8. 6. 1934 – MBliV S. 809), in Bayern die Regierung (vgl. Min. Entschließung vom 4. 3. 1957 – BayBSVJ III S. 283) und in Württemberg der Minister des Innern.

[31] Für die früher preußischen Gebiete ist durch den erwähnten Runderlaß die Erteilung der Genehmigung davon abhängig gemacht worden, daß die Voraussetzungen des § 3 des preuß. Feuerbestattungsgesetzes vom 14. 9. 1911 erfüllt sind.

möglicht es der Körperschaft, eine Feuerbestattungsanlage ohne Inanspruchnahme eigener Mittel errichten zu lassen. Sie ist allerdings dafür verantwortlich, daß seitens des Vereins alle an die Errichtung der Anlage gestellten Anforderungen beachtet werden.

Die Genehmigung einer Feuerbestattungsanlage schließt die Genehmigung des Betriebes der Feuerbestattung unter den in der Genehmigungsurkunde festgestzten Bedingungen ein.

Bei Erteilung der Genehmigung ist auf eine würdige Ausgestaltung der Anlage und entsprechende Einrichtung hinzuwirken. So müssen bei jeder Feuerbestattungsanlage gesonderte, nach Größe und Belichtung geeignete und mit entsprechenden Vorrichtungen für Lüftung und für Abführung der Ausscheidungen versehene Räume für die Aufbewahrung der einzuäschernden Leichen bereitgestellt werden sowie geeignete Räume für die Vornahme etwa notwendig werdender Leichenöffnungen, die die für diesen Zweck erforderlichen Einrichtungen zu enthalten haben, zur Verfügung stehen.

Gesundheitsgefährlichen Einwirkungen auf die Nachbarschaft ist durch genügend hohe Schornsteine und durch den Ausschluß von Brennstoffen, die Ruß- oder Rauchbelästigung herbeiführen können, zu begegnen.

Die Feuerbestattungsanlage und deren Betrieb unterliegen der Aufsicht der Polizeibehörde. Der Betrieb selbst regelt sich nach einer von der obersten Landesbehörde zu genehmigenden Betriebsordnung, in der auch die Gebühren festzusetzen sind[32]. — Der für den Betrieb der Feuerbestattungsanlage verantwortliche Leiter ist von der Aufsichtsbehörde ausdrücklich in Pflicht zu nehmen.

Feuerbestattungsanlagen stellen keine »lästigen Anlagen« im Sinne des § 16 GO dar.

[32] Eine Musterbetriebsordnung ist durch Runderlaß des RMdI vom 5. 11. 1935 (RMBliV S. 1363) bekanntgemacht worden. Für Württemberg vgl. Runderlaß des württ. MdI vom 23. 1. 1935 (ABI. S. 388).

Architektennachweis

Ammann, Kristin, Berlin 117
Andersen, Otto, Malente 78
Apon, Rotterdam 132, 148
Atelier Assoziierter Architekten, Essen 93
Auzelle, Robert, Paris 139, 140, 141

Bächer, Max, Stuttgart 84, 85, 118, 119
Baeriswyl, Pierre, Malmö 134
Balcke, Christian, Kassel 72, 73
Bartning, Otto, Heidelberg 112
Bauamt der Braunschweigischen Ev.-Luth. Landeskirche 55, 56, 58, 59, 60, 62, 63, 64, 66, 67, 69, 74, 75
Belz, Walter, Stuttgart 94, 95
Benecke, Werner, Braunschweig 69
Berens, Wilfried, Köln 61, 68, 70, 82
Berg, van den, Rotterdam 132, 148
Berndt, Friedrich, Braunschweig 55, 56, 58, 59, 62, 63, 64, 66, 67, 69, 74, 75
Billig, Wolfgang, Braunschweig 63
Bock, Günter, Frankfurt am Main 96, 97
Boehlke, Hans-Kurt, Kassel 61
Böhme, Ingrid, Hannover 106, 107
Böhme, Peter, Hannover 106, 107
Braak, ter, Rotterdam 132, 148
Branca, Freiherr von, München 86
Buse, M., Essen 92

Claus, Stuttgart 100
Cramer, E., Zürich 109

Dam, H., Utrecht 111
Delisle, Karl (Stadtbaudirektor), München 104, 105
Denzel, Walther, Braunschweig 56
Dingemans, Utrecht 130, 131, 146
Disse, Rainer, Karlsruhe 101
Dörzbach, Otto, Heidelberg 112
Dröge, Ruprecht, Hannover 106, 107

Engström, Alf, Stockholm 136
Ertl, Roland, Linz 52
Eychmüller, H. F., Ulm 88

Fahraeus, Klas, Stockholm 135
Fischer, Erhard, München 86
Fricke, Willi, Braunschweig 63

Gartenbauamt Bremen (Ahlers) 114, 115
Gartenbauamt Stadt Zürich 110, 123

Geil, Angela, Neutsch 65
Geil, Thomas, Neutsch 65
Glover & Ferguson, Edinburgh 126, 127
Grzimek, Günther, München 88

Haeseler, Wolfgang, Kassel 99
Haider, J., Düsseldorf 116
Hausmann, Ulrich, Braunschweig 60
Herrmann, Rainer, Oldenburg 51
Hertel, Michael, Söcking am Starnberger See 83
Hess, Wilhelm-Jakob, Braunschweig 63, 69
Hinchliffe, T., Harlow/Essex 124
Hochbauamt Stadt Augsburg 146
Hochbauamt/Stadtbaudirektion (Hans Rothenburger, Hans Apel) Bamberg 98
Hochbauamt Berlin-Neukölln 69
Hochbauamt Göppingen 71
Hochbauamt/Baubehörde Hamburg (Hans-Dietrich Gropp, Ursula Kresse) 120, 121
Hochbauamt Stadt Karlsruhe 53
Hochbauamt Mainz-Gonsenheim (Mayer u. Wetter) 80
Hochbauamt Stadt Mannheim (Theo Nachtsheim) 102, 103
Hochbauamt Stadt München (Jacoby) 146
Hochbauamt Stadt Saarbrücken (Peter-Paul Seeberger, G. Kunz, H. Melchior) 90, 91
Hochbauamt Stadt Zürich 110, 123
Hölcher, H.-J., Oldenburg 113
Huebner, Wolfgang, Bjärred 137

Iversen, Hendrik, Lingby-Taarbaek 133

Jacobsson, Bengt, Malmö 134
Jangbro, Einar, Malmö 134

Kalenborn, H., Düsseldorf 116
Kammerer, Hans, Stuttgart 94, 95
Klingelfuß, Suter, Burckhardt, Bräuning, Leu (Planergemeinschaft), Basel 147
Knepper, Essen 92
Knöfel, Hans-Joachim, Berlin 117
Kollbrunner, Paul, Zürich 52
Kreuter, Dirk-Erich, Braunschweig 57, 60, 74, 75

Laiho, Ola, Turku 138
Landberg, Gunnar, Stockholm 136
Langmaack, Gerhard, Hamburg 50
Lanners, Edi, Zürich 122
Lanners, Ruth, Zürich 122
Larsson, Bengt, Stockholm 136
Latta, Hans, Oldenburg 113
Lery, Pierre 139
Lie, Harry G. H., Stuttgart 118, 119
Lünz, Johannes, Stuttgart 77, 118
Luz, Hans, Stuttgart 85, 118, 119

Mahé, André 140, 141
Martinsson, Gunnar, Stockholm 135, 137
Meijsen, M. J. B., Voorburg 128, 129
Meisl, Dieter, Berlin 117
Mulitze, Günther, Bremen 76

Müller-Menckens, Gerhard, Bremen 114, 115

Noae, Helge, Deisenhofen b. München 83

Oehler, Arthur, Brüchermühle 79
Oehler, Uwe, Brüchermühle 79
Olbrisch, Johann-Heinrich, Berlin 117
Ostermann, Joachim, Kassel 72, 73

Patriotis, Hector 139, 140, 141
Pitkänen, Pekka, Turku 138
Planungs- u. Hochbauamt Rheinkamp 74
Plum, Harald, Lingby-Taarbaek 133

Raunio, Ilpo, Turku 138
Rave, Jan, Berlin 117
Rave, Rolf, Berlin 117
Riehle, Eugen, Reutlingen 81
Rödl-Kieferle, Böblingen 100
Roemer, Ludwig, Söcking a. Starnberger See 83
Roos, Thorsten, Malmö 134

Schank, G., Backnang 55
Scherrmann, Hans, Mannheim 102, 103
Schiefelbusch-Wimmer, Ursula, Kassel 72, 73
Schmucker, Karl, Mannheim 102, 103
Schmucker, Wilhelm, Mannheim 102, 103
Scholz, Konrad, Braunschweig 69
Schöner-Fedrigotti, Deisenhofen b. München 83
Schultheiß, Schelklingen/Kr. Ulm 54
Schwarzenbarth, Hans-Joachim, Sandershausen b. Kassel 61, 82
Schweizer, Johannes, Basel 108
Securius, Offenbach 87
Shepherd, Morris, Hughes (Design Team), Worthing/Sussex 125
Sommer, Johannes, Hannover 66
Spence, Sir Basil, Edinburgh 126, 127
Steele (Stadtarchitekt), Edinburgh 126, 127
Steiner, A. H., Zürich 123
Steinle, Stuttgart 100
Stücheli, Werner, Zürich 52, 110
Suter + Suter, Basel 108

Taeger, Werner, Braunschweig 56, 62, 64
Thornberg, Bror, Malmö 134
Törnemann, Alwa, Stockholm 136
Tromp, Rotterdam 132, 148

Vieweg, Ingeborg, Offenbach 87

Wild, Kurt von †, Kassel 99
Wils, Jan, Voorburg 128, 129
Wirth, Erich (Bauoberamtmann), München 104, 105
Witan, Offenbach 87
W. Wurster + H. Huggel, Basel 109

Ziegenauer, Wilfried, Isernhagen 66

Ortsregister

Inland

Augsburg, Neuer Ostfriedhof 146

Bad Driburg-Herste 61
Bamberg 98
Beienrode 60
Berlin-Neukölln 89
Berlin-Ruhleben 117
Beverungen 82
Böblingen 100
Bremen-Huckelriede 114, 115
Bremen-Walle 112
Broistedt, Ldkr. Wolfenbüttel 66

Dietzenbach 87

Eitzum 59
Eningen unter Achalm 81
Erkerode 58
Essen-Altenessen 92
Essen-Überruhr 93

Frankfurt-Westhausen 96, 97

Gandersheim 67
Gauting 86
Gehrenrode 63
Göppingen-Holzheim 71
Groß Sisbeck 57
Groß-Vahlberg 64

Hahn-Lehmden i. Oldenburg 50
Hamburg-Öjendorf 120, 121
Hannover-Lahe 106, 107
Herrenberg 84
Hunsheim 79

Karlsruhe-Bulach 53
Kassel, Westfriedhof 99
Klein-Ilsede 66
Körle, Bez. Kassel 72

Lahr/Schwarzwald 147
Leinfelden 118, 119
Leonberg 85
Lindenberg i. Allgäu 83
Ludwigshafen, Hauptfriedhof 148

Mainz-Gonsenheim 80
Mannheim, Hauptfriedhof 102, 103

Meldorf/Holstein 78
Metzingen 77
Münchehof b. Seesen 74, 75
München, Nordfriedhof 146
München, Waldfriedhof 104, 105

Nellmersbach, Ldkr. Waiblingen 55
Neureut 101
Neutsch/Odenwald 65
Nordassel 62

Obersickte 67
Oldenburg i. O. 113
Otersen (Kirchlinteln) 76

Rheinkamp-Utfort 74
Rühen 69

Saarbrücken, Hauptfriedhof 90
Saarbrücken, St. Arnual 91
Sande b. Oldenburg 51
Schelklingen, Krs. Ulm 54
Stuttgart-Weilimdorf 94, 95

Timmern 55

Vellmar II bei Kassel 73
Veltheim/Lucklum 56
Vielbach, Unterwesterwaldkreis 68

Weingarten 88
Witten/Ruhr, Hauptfriedhof 116
Würgassen (Ortsteil der Stadt Beverungen) 70

Ausland

Dänemark
Lingby-Taarbaek 133

Finnland
Turku, Heiligenkreuz-Kapelle 138

Frankreich
Saint-Denis, Cimetière de Joncherolles 139
Valenton, Cimetière de la Fontaine Saint Martin 140, 141

Großbritannien
Harlow/Essex, Parndon Wood Krematorium 124, 144
Southend on Sea/Essex 145
Worthing/Sussex 125
Edinburgh/Schottland 126, 127, 144

Holland
Den Haag, Krematorium Ockenburgh 128, 129, 142
Rotterdam, Krematorium Rotterdam-Süd 132, 144, 148
Utrecht, Friedhof, Daelwijck 111
Utrecht, Krematorium Daelwijck 130, 131, 145, 146

Norwegen
Oslo 143

Österreich
Thening b. Linz 52

Schweden
Gävle 136
Huskvarna 142
Lund 143
Malmö-Limhamn 134
Nacka, Storkällans, Kyrkogård 137
Norrköping 144
Stockholm-Råcksta 135, 143

Schweiz
Baden, Friedhof Liebenfels 122
Basel, Hörnli-Friedhof 147
Binningen 108
Pratteln 109
Zürich, Friedhof Nordheim 123, 142
Zürich-Seebach, Friedhof Schwandenholz 110
Zürich, Gartenbau-Ausstellung 1959 52

Fotonachweis

Seite 50: AFD-Archiv, Kassel; 51: M. Lehmann, Sande; 52: Boehlke, Kassel; 53: 2x unten links: Boehlke, Kassel, unten rechts: Bildstelle der Stadt Karlsruhe; 54: Rob. Holder, Urach, unten Baeuchle, Schelklingen; 55 unten: Erika Sitte, Braunschweig; 56: Erika Sitte, Braunschweig; 57: Erika Sitte, Braunschweig; 58: Erika Sitte, Braunschweig; 59: Erika Sitte, Braunschweig; 60: Erika Sitte, Braunschweig; 61: oben Günther Becker, Kassel, unten Boehlke, Kassel; 62: Erika Sitte, Braunschweig; 63: Erika Sitte, Braunschweig; 64: Erika Sitte, Braunschweig; 65: W. E. Zinsel, Neutsch; 66: oben Erika Sitte, Braunschweig, unten Kurt Julius, Hannover; 67: oben Erika Sitte, Braunschweig, unten F. Berndt, Wolfenbüttel; 68: W. Berens, Köln; 69: Erika Sitte, Braunschweig; 70: Boehlke, Kassel; 71: Hochbauamt Göppingen; 74: Gemeindeverwaltung Rheinkamp-Utfort; 75: Erika Sitte, Braunschweig; 76: H. Meyer, Bremen; 77: unten Höss, Metzingen; 78: Busse, Meldorf; 79: Oehler, Brüchermühle; 80: Hochbauamt Mainz; 81: M. Grohe, Kirchentellinsfurt; 82: Boehlke, Kassel; 83: Schickle, Lindenberg; 87: Archiv „Das Münster", Scheidegg; 88: Siegel, Ulm; 89: P. Schulz, Berlin; 90: Reichmann, Saarbrücken; 91: Reichmann Saarbrücken; 92: Stadtbildstelle, Essen; 93: Stadtbildstelle, Essen; 94: Gottfried Planck, Stuttgart; 95: Gottfried Planck, Stuttgart; 96: Friedhofs- und Bestattungsamt, Frankfurt/M; 97: Friedhofs- und Bestattungsamt, Frankfurt/M; 98: Emil Bauer, Bamberg; 99: Günther Becker, Kassel; 100: Gottfried Planck, Stuttgart; 101: Heini W. Seith, Neureut; 102: R. Häusser, Mannheim; 103: R. Häusser, Mannheim; 104: Sigrid Neubert, München; 105: Sigrid Neubert, München; 108: P. Heman, Basel; 109: AFD-Archiv, Kassel; 110: E. Küenzi, Zürich; 111: Gemeindearchiv Utrecht; 112: E. Troeger, Hamburg; 113: Schmidt, Oldenburg; 114: L. Klimek, Worpswede; 115: L. Klimek, Worpswede; 115: rechts unten, Boehlke, Kassel; 116: Pressestelle der Stadt Witten; 117: Breders, Berlin; 118: H. Lünz, Stuttgart; 119: H. Lohrer, Bad Cannstatt; 120: Baubehörde, Hamburg; 121: Baubehörde, Hamburg; 122: P. Grünert, Zürich; 123: Mitte F. Maurer, Zürich; 124: Henk Snoek, London; 126: A. L. Hunter, Edinburgh; 127: Henk Snoek, London; 128: J. ten Broek, Amsterdam; 129: J. ten Broek, Amsterdam; 130: C. P. Stapels, Amsterdam; 131: C. P. Stapels, Amsterdam; 132: Luftbild B. Hofmeester, Rotterdam; 133: Strüwing, Palæ; 134: AFD-Archiv, Kassel; 135: Sten Vilson, Farsta; 136: Boehlke, Kassel; 137: H. Dittmer, Stockholm; 138: Simo Rista, Helsinki; 141: R. Auzelle, Paris; 142: J. ten Broek, Amsterdam; 143: Teigens, Oslo; 143: Mitte links: Boehlke, Kassel; 143: Sten Vilson, Farsta; 144: R. F. Brown, Harlow; A. L. Hunter, Edinburgh; Boehlke Kassel; 145: C. P. Stapels, Amsterdam; 146: C. P. Stapels, Amsterdam; W. Müller-Gran, München; Stadtbibliothek Augsburg; 147: AFD-Archiv, Kassel; Boehlke, Kassel; 148: Boehlke, Kassel.

Bildteil

FRIEDHOFSKAPELLE und FRIEDHOFSKIRCHE

Hahn-Lehmden in Oldenburg

Architekt Gerhard Langmaack, Hamburg.

1957 wurde für die z. T. aus einem Flüchtlingslager entstandene evangelische Kirchengemeinde Hahn-Lehmden, einer Tochtergemeinde der ev. Gemeinde Rastede, auf einer 2 ha großen Fläche der Friedhof angelegt und auf ihm zugleich — wie in früheren Zeiten — die Gemeindekirche erbaut. Gartenbaudirektor Erich Ahlers, Bremen, plante den Friedhof, dessen gesamte Belegungsfläche im Rasen liegt, in einer Grabgröße von 1,20 x 2,60 m gerastert, wodurch intensive Flächennutzung und Variationsbreite bei der Gestaltung der Gräberfelder gewährleistet sind. Die Kirche des Hamburger Kirchenbaumeisters Gerhard Langmaack, ein Zentralbau aus Klinker mit Kupferdach, der sich gut in die norddeutsche Landschaft einfügt, steht auf dem Friedhof und dient zugleich der Aufbahrung der Toten in einer seitlich angegliederten Kammer (im Foto und Schnitt rechts, im Grundriß links) und der Aussegnung im Gottesdienstraum. Hier ist die Gemeindekirche zugleich Friedhofskapelle. Nach ländlichem Brauch können nach der Beerdigung die Gemeindeglieder in den nördlich angrenzenden Gemeindesaal zu Kaffee und Kuchen eingeladen werden.

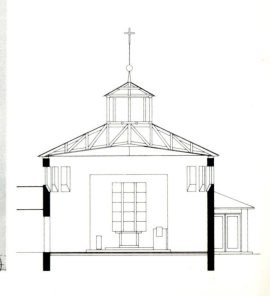

Sande b. Oldenburg

Ev.-Luth. Kirchengemeinde, Architekt Dipl.-Ing. Rainer Herrmann, Oldenburg, 1969/72.

Die Halle ist in der Achse der Zuwegung, die vom alten Friedhof für Fußgänger zum neuen Friedhof hin angelegt wurde, hineingestellt. Der Weg knickt zu Beginn des neuen Friedhofs ab und ist an der Halle vorbei zu einem Baumhof geführt. Der Hauptzugang zur Halle erfolgt von diesem abgeknickten Weg her in einen Innenhof, an dem die erforderlichen Nebenräume und der direkte Zugang zum Feierraum liegen. Der Ausgang und damit der Weg zu den Gräbern erfolgt in Richtung Baumhof. — Die Friedhofsanlagen wirken weiträumig. Um der Anlage ein Zentrum zu geben, wurde der Feierhalle ein Innenhof vorgelagert, von dem alle Nebenräume aus zu erreichen sind.

Insgesamt umbauter Raum: 1.786,27 cbm, insgesamt überbaute Nutzfläche: 318,59 qm. Die Feierhalle hat 300 Sitzplätze (Eichenstühle mit Binsengeflecht), bis 450 Personen können untergebracht werden. Nach einem von Bildhauer Leo Neumann, Oelde, geschaffenen Wandkreuz aus Berg-Kristall, unter dem der Sarg aufgestellt wird, hat die Kirchengemeinde dem Bauwerk den Namen »Kreuz-Kapelle« gegeben. Die Ausgangstür des Feierraums ist beidseitig mit Kupferplatten beschlagen, in die innen folgende Worte eingraviert wurden: »Tu uns nach dem Lauf Deine Türe auf« und außen: »Gott sei Ehre von Ewigkeit zu Ewigkeit«. — Der Funktion und Größenordnung nach handelt es sich hier um eine Friedhofskirche, so daß in ihr die Aufstellung eines Altars gerechtfertigt ist.

Der gesamte Bezirk des Feierraums und der Nebengebäude ist durch eine 3 m hohe Mauer umschlossen, über die sich die freischwebende, kräftig ausgebildete Stahlbetonplatte des Feierraums erhebt. Verwandt wurden Klinker, Sichtbeton und Eichenholz.

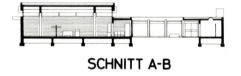

SCHNITT A-B

Grundriß
1 Feierhalle, 13,5 × 13,5 m = 182,25 qm, 170 Stühle
2 Aufbahrungskammern, je 7,32 qm
3 Warteraum für Angehörige, 7,38 qm
4 Raum für den Pfarrer, 6,90 qm
5 Raum für die Sargträger, 8,99 qm
6 Raum für Friedhofswärter, 8,91 qm
7 WCs, je 4,88 qm
8 Innenhof
9 Wirtschaftshof

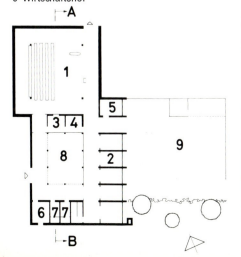

FREIAUSSEGNUNGSHALLEN

Thening bei Linz/Donau

Architekt Dipl.-Ing. Roland Ertl, Linz, 1966.

Eine ländliche Friedhofshalle auf die einfachste Lösung reduziert. Ein Baldachin aus einer Kreuzrahmenkonstruktion mit aufgelegter Platte überdeckt nicht nur den Freiraum für die Aussegnungsfeier, sondern auch einen kleinen geschlossenen Baukörper, der zwei Aufbahrungskammern und einen Geräteraum umfaßt.

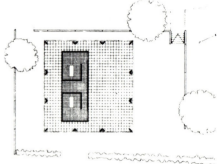

Zürich

Architekten W. Stücheli und Paul Kollbrunner, Zürich, 1959.

Freiaussegnungshalle auf dem Musterfriedhof der Gartenbau-Ausstellung Zürich 1959, Gesamtentwurf: Gartenarchitekt Dr. Johannes Schweitzer, Basel, unter Mitarbeit der Architekten W. Stücheli und Paul Kollbrunner, Zürich. Reiner Wetterschutz für die Feierhandlung, ohne Aufbahrungskammer.

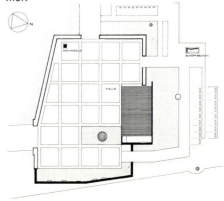

Karlsruhe-Bulach

Städt. Hochbauamt Karlsruhe, 1965.

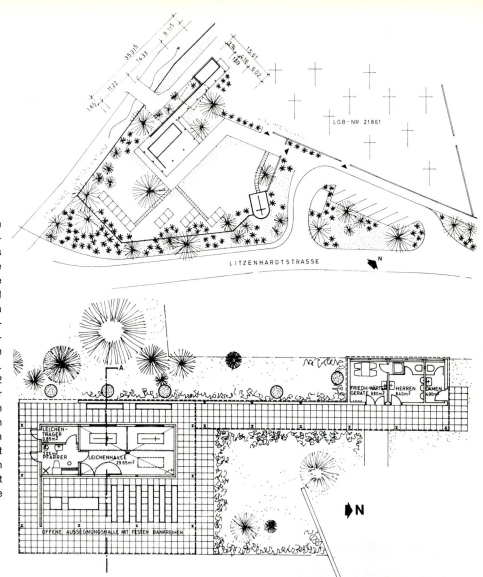

Der Stadtteil hat ein Einzugsgebiet von ca. 4000 Einwohnern. Die Freiaussegnungshalle liegt an der Peripherie des Friedhofs. Der zur Anlage hin offene, eine Fläche von 14,52 x 6,10 m einnehmende Feierraum bietet Platz für 40 Sitz- und 60 Stehplätze, nachdem die ursprünglich 6 festen Bankreihen auf 3 reduziert wurden. Die zunächst nur verglasten Seitenwände der Halle wurden später durch Mauerscheiben gegen Einsicht geschützt. Unter dem gemeinsamen Dach von 14,52 x 12,20 m befindet sich ein geschlossener Baukörper mit einem 29,65 qm großen Raum für drei Aufbahrungen, einem Raum für den Geistlichen von 7,25 qm und einem Raum für die Sargträger von 3,85 qm. Mit der Freiaussegnungshalle durch einen überdachten, offenen Gang verbunden ist ein Nebenbau für Friedhofswärter, Geräte und Toiletten.

Schelklingen, Kreis Ulm

Architekt Dipl.-Ing. Schultheiß, Schelklingen, 1961.

Unter dem Flachdach befinden sich drei Sargkammern, jeweils 2,30 x 3,50 m, mit Vorraum, Geräteraum und WC mit insgesamt 51 qm. Der für die Aussegnung bestimmte überdachte Freiluftraum hat 61 qm Fläche. — Material: Waschbeton und Sichtmauerwerk.

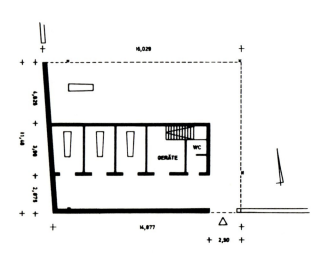

LÄNDLICHE FRIEDHOFSHALLEN

Nellmersbach, Landkreis Waiblingen

1 die Aufbahrungskammer, 5,73 x 4,72 m, für 2 Särge
2 Umkleideraum für den Geistlichen, 2,83 x 2,84 m
3 Geräteraum, 5,74 x 2,24 m

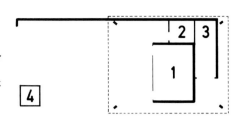

Architekt Dipl.-Ing. G. Schank, Backnang, 1965.

Der Grundriß zeigt einen auf das Notwendigste reduzierten Bau mit zwei versetzten Teilen. Unter dem 11,50 x 9,00 m großen Dach befinden sich die Aufbahrungskammer, der Umkleideraum für den Geistlichen und der Geräteraum.
Die Aussegnung kann bei geöffnetem Aufbahrungsraum mit vorgezogenem, dann aber immer noch unter dem Dach befindlichen Sarg vor der im Freien stehenden Gemeinde durchgeführt werden.

Timmern

Bauamt der Braunschweigischen Ev.-Luth. Landeskirche, Prof. Dr.-Ing. Friedrich Berndt, 1965.

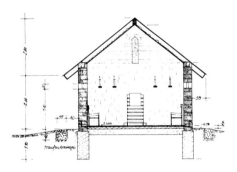

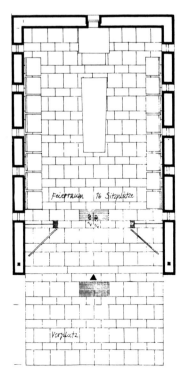

Der umschlossene Feierraum mißt 5,40 x 3,80 m. Zu Häupten des Sarges ein kanzelartiger Ambo. Die 16 Sitzplätze sind einander gegenüberliegend an den Längswänden aufgereiht, so daß der Sarg zwischen ihnen steht. Die Frontseite ist seitlich der Tür verglast; bei geöffneter Tür kann eine auf dem Vorplatz versammelte Gemeinde an der Feier teilhaben. — Baumaterialien: Kalksandhartstein (weißgeschlämmt), Sparrendach mit englischer Doppeldeckung aus schiefergrauen Asbestzementplatten.

Veltheim/Lucklum

Baureferat der Braunschweigischen Ev.-Luth. Landeskirche, Prof. Dr.-Ing. Friedrich Berndt, Mitarbeiter: Dipl.-Ing. Werner Taeger, Walther Denzel, 1965/66.

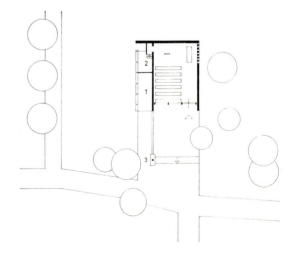

Der Feierraum hat 42 Sitzplätze, vor denen der Ambo bzw. ein Lesepult steht. Die Gemeinde ist also auf das Wort der Verkündigung ausgerichtet, der Sarg steht seitwärts am Ende des freien Ganges, so daß er ohne Schwenkung hinein- und hinausgetragen werden kann.

1 Sargraum
2 Umkleideraum für Pfarrer
3 Hochkreuz

Groß Sisbeck

Dipl.-Ing. Dirk-Erich Kreuter, 1965/66.

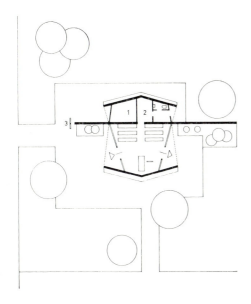

1 Sargraum
2 Umkleideraum für Pfarrer
3 Hochkreuz

Die einfache Grundrißführung ergibt zusammen mit dem heruntergezogenen Dach einen interessanten Baukörper, dessen Feierraum 30 Sitzplätze umschließt, vor deren Mittelgang der Sarg aufgestellt wird; zusätzlich 30 Stehplätze. — Bebaute Fläche: 99,31 qm. — Wandscheiben aus Kalksandsteinmauerwerk mit aussteifenden Stahlstützen, weißgeschlämmt; Dach in Holzkonstruktion mit schieferfarbenen Eternitplatten gedeckt, Untersicht holzverschalt, natur-lasiert; Fußböden innen und außen aus Betonplatten in Sandbettung.

Erkerode

Baureferat der Braunschweigischen Ev.-Luth. Landeskirche, Prof. Dr.-Ing. Friedrich Berndt, Dipl.-Ing. Werner Taeger, 1962/63.

Vom ummauerten Vorplatz aus laufen die Seitenwände raumverengend auf den Sarg zu, der vor der Gemeinde steht, hinter ihm der Ambo. Der Feierraum mit 29 qm Grundfläche hat 26 Sitzplätze zu beiden Seiten des Mittelgangs und 20 Stehplätze. Nur durch eine Glaswand und Glastür getrennt ist durch die Ummauerung der nicht überdachte Vorhof mit 30 qm und Platz für weitere 60 Stehplätze unmittelbar in den Feierbereich miteinbezogen. — Wand- und Bodenkonstruktion als U-förmige Stahlbetonwanne. Sparrendach mit Doppeldeckung aus schiefergrauen Eternitplatten, Innenraumdecke eingeschalt mit gespundeten Fichtenholzbrettern. Fußboden: Betonplatten.

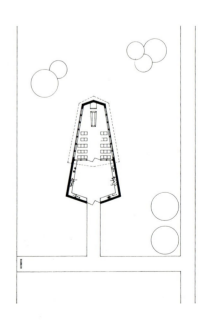

Eitzum

Baureferat der Braunschweigischen Ev.-Luth. Landeskirche, Prof. Dr.-Ing. Friedrich Berndt, 1963/64.

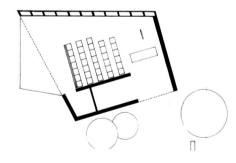

Trotz des freien Grundrisses ist mit einfachen, den ländlichen Gegebenheiten angepaßten Mitteln ein interessanter Raum mit gesondertem Zu- und Abgang geschaffen worden. Der Grundriß zeigt die Nebenräume für den Geistlichen und die Aufbewahrung bis zur Feier. Nutzfläche: 73,95 qm, 33 Sitzplätze. — Wände Holzhochziegel, innen und außen geputzt. Dachflächen nach zwei Richtungen geneigt, eine bis auf den Betonsockel heruntergezogene, englische Deckung aus schiefergrauen Eternitplatten, Unterseiten verbrettert. Fußboden in Natursteinplatten.

Beienrode

Baureferat der Braunschweigischen Ev.-Luth. Landeskirche, Dipl.-Ing. Dirk-Erich Kreuter und Dipl.-Ing. Ulrich Hausmann, Braunschweig, 1965/66.

Friedhofshalle in Verbindung mit langer, den Friedhof gegen einen tiefer gelegenen Sportplatz abgrenzender Mauer. Flaches, über dem Vorplatz geöffnetes Dach, um die waagrechte Abschlußmauer zu betonen. 39,16 qm Nutzfläche.

Der Feierraum ist eine »Durchgangshalle« und umschließt 25 Sitzplätze, 30 Stehplätze. — Wandscheiben weißgeschlämmtes Kalksandsteinmauerwerk mit aussteifenden Stahlstützen. Dach: Holzkonstruktion mit bekiester Pappe. Holzteile natur-lasiert.

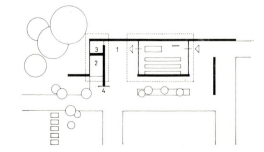

1 Vorhalle mit Gedenkstätte
2 Sargraum
3 Umkleideraum
4 Hochkreuz

Bad Driburg-Herste

Friedhofserweiterung mit Friedhofshalle und Kriegsopfermal für die Dorfgemeinde Herste vor der Eingemeindung. Architektengemeinschaft Wilfried Berens, Köln, Dr. Hans-Kurt Boehlke, Kassel, Landschaftsarchitekt Hans-Joachim Schwarzenbarth, Sandershausen b. Kassel, 1969.

Der Flachbau fügt sich unaufdringlich der Hanglage ein. Umbauter Raum: 315 cbm, Nutzfläche (ohne Vordach): 76 qm, 30 Stehplätze. Durch die zu den Belegungsfeldern hin gestaffelten Glasfalttüren kann der Vorplatz in die Feierhandlung mit einbezogen werden. Zugang und Abgang sind voneinander getrennt. — Verwendete Materialien: Klinker und Holz, Fußbodenbelag aus Anröchter Dolomit, Kreuz und Leuchter aus Schmiedeeisen.

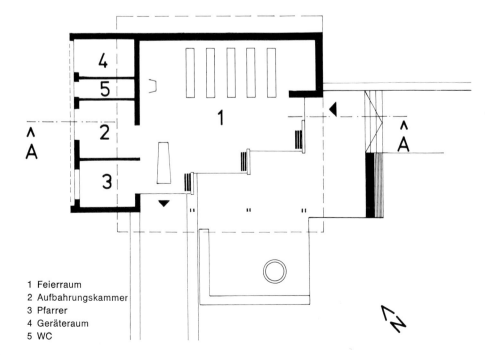

1 Feierraum
2 Aufbahrungskammer
3 Pfarrer
4 Geräteraum
5 WC

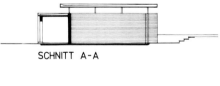

SCHNITT A-A

Nordassel, Kreis Wolfenbüttel

Zur Zeit des Baues 361 Einwohner. Baureferat der Braunschweigischen Ev.-Luth. Landeskirche, Prof. Dr.-Ing. Friedrich Berndt, Dipl.-Ing. Werner Taeger, 1970/71.

Umbauter Raum 180,4 cbm, Feierraum für 24 Sitz- und 25 Stehplätze, Sargraum, 2 überdachte Vorplätze. Fast quadratischer Grundriß mit einhüftigem Satteldach. Außenwände verlängert als Windschutzwände für Unterstellplätze. Eingeschossig, Traufhöhe 2,46 m und 3,00 m, Gesamthöhe 3,80 m. Zweiseitiges Sichtmauerwerk aus Kalksand-Vormauersteinen, gefugt und geweißt. Satteldach mit verschiedenen Neigungen, Holzsparren parallel zu First und Traufe verlaufend und über dem verglasten Giebelfeld über der Ausgangstür auf einem Stahlträger liegend. Englische Doppeldeckung aus schiefergrauen Asbestzement-Dachplatten. Fußboden aus schiefergrauen Betonplatten, 50 x 25 cm, im Mörtel verlegt auf Unterbeton und Kiesschüttung, auf den Vorplätzen ohne Unterbeton. Brüstungswand holzverschalt, im oberen Bereich in ganzer Breite verglast mit 2 Lüftungsflügeln, alle Fenster und Lichtbänder klar verglast.

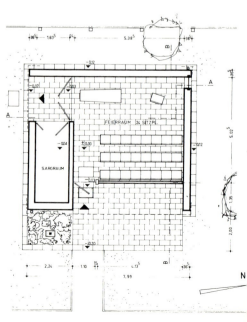

Gehrenrode

Baureferat der Braunschweigischen Ev.-Luth. Landeskirche, Prof. Dr.-Ing. Friedrich Berndt, Mitarbeiter: Dipl.-Ing. Wolfgang Billig, Willi Fricke (örtliche Bauleitung), Detailbearbeitung: Wilhelm-Jakob Hess, 1966.

Größenordnung 73,34 qm Nutzfläche, strenger Grundriß und die Baumaterialien sind bei bescheidener Einordnung des Baukörpers dem ländlichen Friedhofsbild angepaßt. Feierraum für 36 Personen. — Baumaterialien: Kalksandstein mit Binderfarbe weißgestrichen; Pultdach mit umlaufendem Eternit-Sichtband, englische Deckung aus grauen Eternit-Platten, auch Türblätter mit Eternit belegt; Fußboden aus Schieferplatten.

1 Sargraum
2 Umkleideraum für Pfarrer
3 Hochkreuz

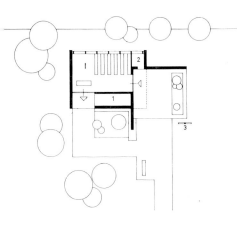

Groß-Vahlberg

Baureferat der Braunschweigischen Ev.-Luth. Landeskirche, Prof. Dr.-Ing. Friedrich Berndt, Dipl.-Ing. Werner Taeger, 1966.

Rechteckiger Grundriß 7,49 x 11,61 m, gegeneinander versetzte Pultdächer, Traufenhöhe 2,50 m, Gesamthöhe 3,80 m. Feierraum mit 28 Sitz- und 15 Stehplätzen, gedeckte Vorhalle, Sarg- und Geräteraum, Raum für Pfarrer und evtl. Organisten. — Zweiseitiges Sichtmauerwerk aus Kalksandstein fugt und geweißt, Außenwand der Ostseite Holzverschalung. Pultdächer mit Holzsparren und englischer Doppeldeckung aus schiefergrauen Asbestzementdachplatten. Fußboden im Innenraum auf Kiesschüttung und Unterbeton verlegte schiefergraue Betonplatten im Läuferverband, ebenso außen, jedoch ohne Unterbeton. — Feierraum-Nordseite mit Ein- und Ausgangstür voll verglast, Ostseite mit niedrigem Fensterband. Nebenräume: senkrechte Fensterschlitze.

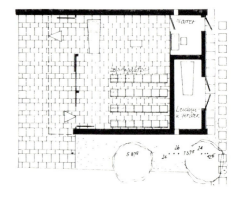

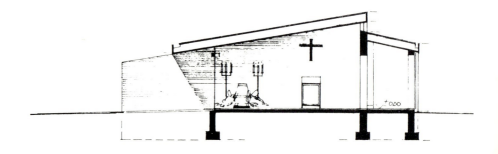

Neutsch/Odenwald

Dipl.-Ing. Thomas Geil und Dipl.-Ing. Angela Geil, Neutsch, 1968/70.

Schnitt A—A

Süd-Ost-Ansicht

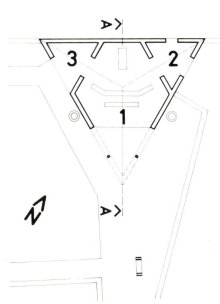

Die kleine Odenwaldgemeinde zählt ca. 200 Einwohner, Gesamtfläche des Friedhofs 2.500 qm.
Umbauter Raum der Feierhalle (1) 650 cbm, Fläche der Feierhalle 90 qm, 15 Sitzplätze, 60 Stehplätze, Aufbahrungsmöglichkeit für zwei Särge (2) 15 qm, Nischen für Geräte im Durchgangsraum (3) 15 qm. Baumaterialien: Naturstein, Sichtbeton, Dach aus sichtbarer Holzkonstruktion und Kupferblech, Fußboden: Natursteinpflaster. Angestrebt wurde das Einfügen in die Landschaft mit benachbartem Hochwald und Sichtverhältnissen auf den Odenwald. Der Friedhof liegt in der freien Landschaft ohne unmittelbar angrenzende Bebauung, die Natursteine stammen aus einem 4 km entfernten Bruch.

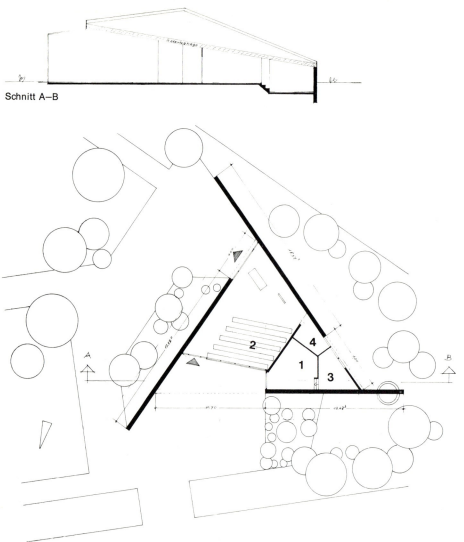

Schnitt A–B

Broistedt, Landkreis Wolfenbüttel

Baureferat der Braunschweigischen Ev.-Luth. Landeskirche, Prof. Dr.-Ing. Friedrich Berndt.

Dachkonstruktion Wellstegträger, Sichtmauerwerk aus Kalksandhartsteinen, beiderseits gestrichen, englische Deckung aus dunklen Eternitplatten, über dem Innenraum verbrettert. Fußboden: Waschbetonplatten.

1 Aufbahrungsraum für vier Särge
2 Feierraum mit 60 Sitzplätzen
3 Geräteraum
4 Umkleideraum für Pfarrer

Klein-Ilsede b. Peine/Niedersachsen

Architekt Wilfried Ziegenauer, Isernhagen, Dr. Johannes Sommer, Hannover.

Annähernd quadratischer »Durchgangsraum«, Stuhlreihen zu beiden Seiten des Sarges mit 48 Sitzplätzen. Der Eingangsbereich ist voll in den Baukörper integriert, er wird von zwei Nebenräumen für die Aufbahrung, von denen einer auch für Geräte benutzt werden kann, flankiert. Stahlkonstruktion, außen und innen Holzbohlen.

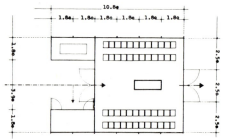

Gandersheim

Baureferat der Braunschweigischen Ev.-Luth. Landeskirche, Prof. Dr.-Ing. Friedrich Berndt, 1961/62.

Feierraum 57 qm, mit 60 Sitz- und 15 Stehplätzen, Aufbahrungskammer 9,32 qm, Umkleideraum für Pfarrer 9,32 qm.
Über einem Sockel aus Bruchsteinmauerwerk Holzkonstruktion innen und außen auf Stahlfachwerk, Dach mit grauen Eternitplatten nach Schieferart eingedeckt, Decken über allen Innenräumen verbrettert. Fußböden: Schieferplatten auf wärmedämmender Unterkonstruktion. — Im Feierraum schmale Lichtöffnungen zwischen der Verbretterung in Stahlkonstruktion.

Obersickte

Baureferat der Braunschweigischen Ev.-Luth. Landeskirche, Prof. Dr.-Ing. Friedrich Berndt, 1960/61.

Geschlämmtes Ziegelmauerwerk mit sehr steilem Traufendach mit Sparren untersetzt, holzverbrettert. Nebenräume unter einem Flachdach, das auch um das Hauptgebäude herumläuft. Dadurch ergibt sich eine gute Vorraumsituation zwischen dem Feierraum und der Aufbahrungskammer. In der Feierhalle 23 Sitzplätze und 15 Stehplätze.

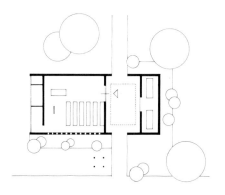

Vielbach, Unterwesterwaldkreis

Architekt Wilfried Berens, Köln, 1967.

Gemeinde mit ca. 500 Einwohnern. Die Aussegnungshalle wurde auf dem vorhandenen Friedhof so plaziert, daß der Friedhof später erweitert werden kann. Die eigenwillige Form entstand aus der landschaftlichen Lage auf ansteigendem Gelände umgeben von meist bewaldeten Hügeln. Die reichliche Verwendung von Schiefer knüpft an bodenständige Bauweise an. — Umbauter Raum 414 cbm, Nutzfläche (ohne Vordach) 81 qm, ca. 30 Sitzplätze, 1 Aufbahrungskammer. Baumaterialien: Sichtbeton bzw. Sichtmauerwerk aus Kalksandstein, Dachkonstruktion in Holz (Holzleimträger), Dach und Giebel verschiefert, Boden in Naturstein.

Die ansteigende Decke (mit Naturholz — Tanne/Fichte — verkleidet) wirkt zusammen mit den sichtbaren Leimträgern durch das schmale Oberlicht leicht und lebendig. Über der Stirnwand mit Ambo und Kranzhalter ist ebenfalls ein Oberlicht angeordnet, für den Besucher jedoch durch eine Wandschürze verdeckt.

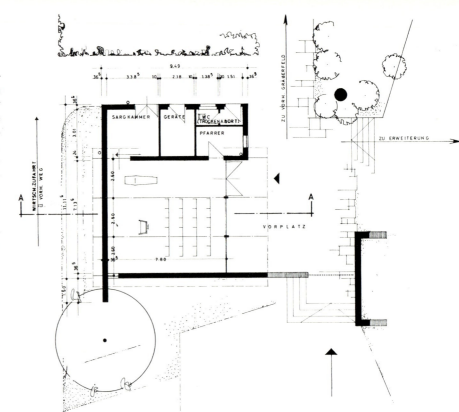

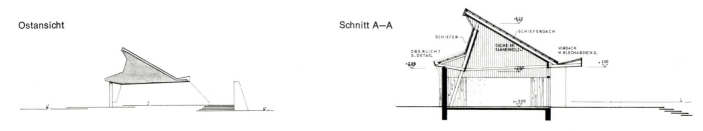

Ostansicht   Schnitt A—A

Rühen

Baureferat der Braunschweigischen Ev.-Luth. Landeskirche, Prof. Dr.-Ing. Friedrich Berndt/Dipl.-Ing. Werner Benecke, Detailbearbeitung Wilhelm-Jakob Hess, Bauleitung Konrad Scholz, 1965/66.

Feierhalle mit 56 Sitzplätzen, ihr vorgelagert ein durch Windschutzwände eingefaßter Vorplatz mit Sichtmöglichkeit in den Feierraum durch Glasscheiben, um Teilnahme einer größeren Gemeinde zu ermöglichen. Abschluß des Vorplatzes nach Süden durch Sichtbetonpflanzbecken und 4 m hohes Eichenholzkreuz. — Nutzfläche 100,5 qm. — Wände: Hochlochziegel, innen und außen geputzt, wetterfest weißgestrichen. Dachkonstruktion: Wellstegträger, englische Deckung aus dunkelgrauen Eternitplatten, Dachunterseite verbrettert, Fußboden: innen und außen dunkelgraue Betonplatten.

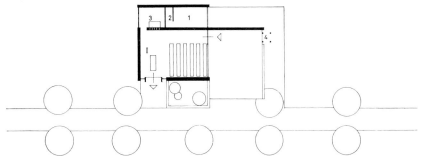

1 Aufbahrungsraum
2 Geräteraum
3 Umkleideraum für Pfarrer mit Platz für ein Harmonium (Schallöffnungen zum Feierraum)
4 Glockenträger

Würgassen
(heute Ortsteil der Stadt Beverungen a. d. Weser)

Architekt Wilfried Berens, Köln, 1970/72.

Flachgedeckter Friedhofsbau mit über dem Feierraum hochgezogenem Pultdach. Die Halle wurde am Eingang zum Erweiterungsteil errichtet, dem sich die Südansicht mit dem Ausgang (s. o.) zuwendet. Der alte Friedhofsteil liegt westlich; bei entsprechender Aufstellung des Sarges kann man auch an der Westseite die Halle verlassen (s. u.: Innenraum). Der westliche und südliche Außenraum können bei geöffneten Glastüren völlig in die Feierhandlung einbezogen werden. — Verwendete Materialien: Kalksandstein, Holz, Eternit-»Schieferplatten«. Die ursprünglich in Sandstein vorgesehene Wand (Schnitt A–B) wurde ebenfalls in Kalksandstein ausgeführt. Das Oberammergauer Kruzifix ist eine Zutat der Kirchengemeinde anstelle eines ursprünglich vorgesehenen einfachen geschmiedeten Kreuzes.

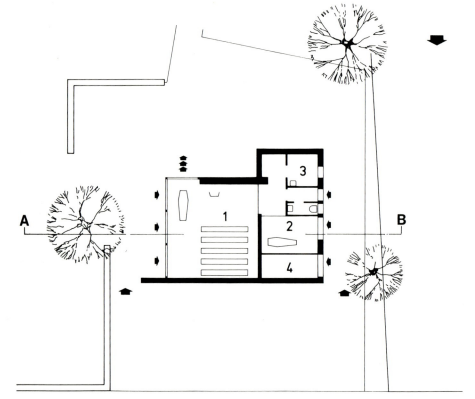

Grundriß
1 Feierraum, 7 x 7 m, mit 25 Sitzplätzen
2 Aufbahrungskammer, 4,38 x 2,76 m
3 Umkleideraum für Pfarrer
4 Geräteraum

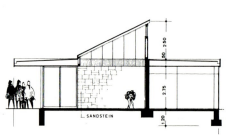

Schnitt A–B

Göppingen-Holzheim

Hochbauamt Göppingen, 1970.

Einzugsgebiet ca. 3.000 Einwohner, Ansteigen erwartet.

Feierhalle (6) 400 cbm umbauter Raum, 85 qm Fläche, 90 Sitzplätze. Die Vorhalle (7) verbindet zugleich mit dem Trakt für die 3 Aufbahrungskammern (5) mit je 9 qm. Der Pfarrerraum (4), die Toiletten (3), Personalraum (2) und Geräteraum (1) sind in einem eigenen Trakt zusammengefaßt. Der Anlage wurde das Kriegeropfermal (8) zugeordnet. Gesamter umbauter Raum ca. 850 cbm (keine Unterkellerung). Baumaterialien: Holzleimkonstruktion, einschaliges Kalksandsteinmauerwerk geschlämmt, Flachdach: Holzkonstruktion mit Pappkiespreßdach.

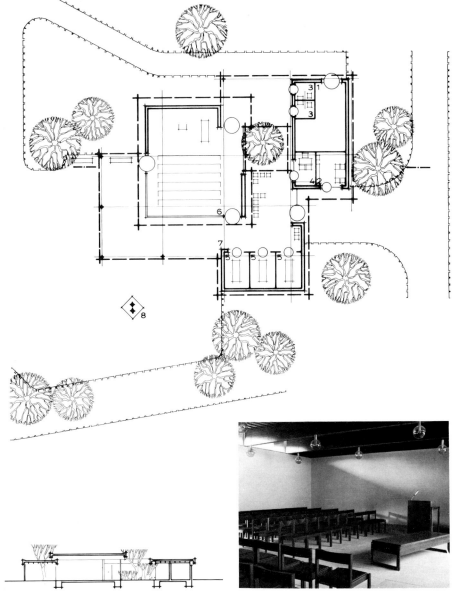

Körle, Bezirk Kassel

Architekten HBK Christian Balcke, Joachim Ostermann, Ursula Schiefelbusch-Wimmer, 1971.

Einwohner des Ortes: 1.840, des Einzugsgebiets für den Friedhof: 2.350. Friedhofsgröße: 5.430 qm, Erweiterung wird vorgenommen.

Platzmangel auf dem Friedhof und ein nicht zu benutzender Graben führten zu der Lösung der Friedhofshalle als »Brücke«. Die Halle ist zum alten Friedhof und zur Ortsbebauung mit schönen, alten Häusern hin geöffnet.

Umbauter Raum: 887 cbm, überbaute Fläche: 299 qm, Fläche der Feierhalle: 74 qm, 90 Sitzplätze, 180 Stehplätze im Hof, 100 Stehplätze auf dem überdachten Umgang. Sargkammer: 13,80 qm (für zwei Särge), eine weitere Aufbahrungskammer 8,30 qm, auch Träger- und Abstellraum haben jeweils 8,30 qm, Umkleideraum für den Pfarrer: 5,75 qm. Baumaterialien: Gitterziegel weiß gestrichen, Dach: Holzkonstruktion mit Eternitblende.

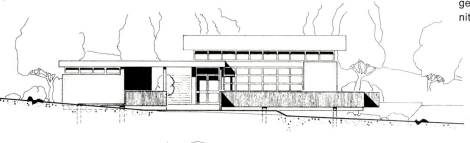

NW-Ansicht

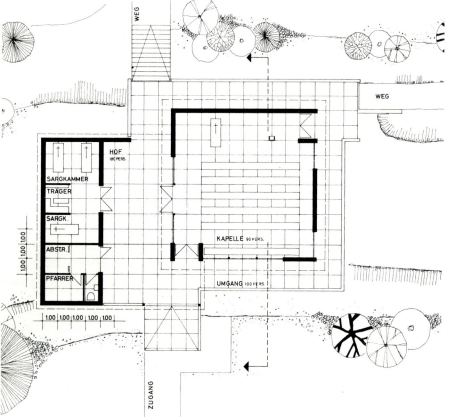

Grundriß

Vellmar II bei Kassel
(ehemals Dorf Frommershausen)

Architekten HBK Christian Balcke, Joachim Ostermann, Ursula Wimmer, Kassel, 1970.

Im Einzugsgebiet ca. 1.500 Einwohner, Größe des Friedhofs: 7.950 qm.
Umbauter Raum der Friedhofshalle 591 cbm, überbaute Fläche 159 qm, Feierhalle 71 qm mit 70 Sitzplätzen, 100 Stehplätze im Innenhof, Sargkammer 7,5 qm mit der Möglichkeit, ggf. zwei Särge einzustellen, Umkleideraum für den Pfarrer 4,4 qm, Geräteraum 3,9 qm.
Baumaterialien: Gitterziegel weißgestrichen, Dach in Holzkonstruktion mit Eternitplatten, über den Nebenräumen und dem Hof eine Betonplatte. Die Architekten entwarfen auch das Kriegsopfermal im Innenhof aus dunkelgefärbtem Beton, in den die vorhandenen Schriftplatten eingelassen wurden.
Der Entwurf ging von der Anlehnung an den vorhandenen Erschließungsweg aus, zwei vorbeiführende Straßen trugen zu der strengen, nach innen orientierten Geschlossenheit bei.

Grundriß

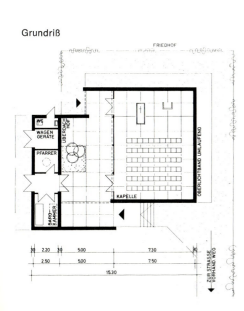

Rheinkamp-Utfort

Planungs- und Hochbauamt Rheinkamp, 1963.

Überbaute Fläche einschließlich Innenhof: ca. 390 qm.

Nord- und Ostseite mit Aufbahrungskammern, Unterkunft, Geräteraum, WC

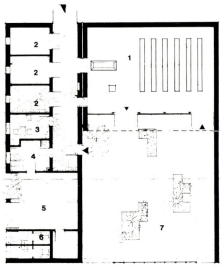

1 Feierhalle, ca. 83 qm, 42 Sitzplätze, mit Glaswand zum Innenhof
2 Aufbahrungskammern (eine als Sezierraum), je 8,35 qm
3 Pfarrer
4 Aufenthaltsraum
5 Geräte
6 WC
7 Innenhof mit Gitterabschluß, ca. 150 qm, mit überdachtem Teil, der mit zahlreichen Stehplätzen in den Feierbereich einbezogen werden kann

Eingangsbereich

Münchehof bei Seesen

Baureferat der Braunschweigischen Ev.-Luth. Landeskirche, Prof. Dr.-Ing. Friedrich Berndt und Dipl.-Ing. Dirk-Erich Kreuter, 1959/1961.

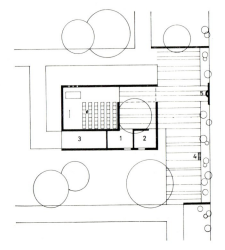

Nutzfläche: 91,3 qm, 42 Sitz-, 15 Stehplätze. Aufstellung des Sarges am Ende des breiten Seitenganges, keine Schwenkungen beim Transport. Vorraum teilweise überdeckt. Eingeschossiger Flachbau mit pultförmig herausragendem Feierraum. Außen und innen rotbraune Klinker, Dachdeckung dunkle Eternitschindeln, über dem Feierraum naturfarbene Fichtenholzschalung, Fußboden naturfarbene Asphaltplatten.

1 Aufbahrungskammer
2 Umkleideraum
3 Geräteraum
4 Hochkreuz
5 Schöpfbrunnen

Otersen
(Ortsteil der Gemeinde Kirchlinteln)

Architekt Günther Mulitze, Bremen, 1971/72.

600 Einwohner in einem 17 qkm großen Einzugsgebiet. Friedhofsfläche z. Z. 1,08 ha, im Endausbau 2,06 ha.

Umbauter Raum einschl. Nebenraum und überdecktem Platz 1178 cbm, Fläche des Feierraums 125 qm, des überdeckten Freiplatzes 72 qm, Umkleideraum für Pastor 5,3 qm, Geräteraum 12 qm, Aufbahrungsraum 13,10 qm (vorgesehen für zwei Aufbahrungen), zwei WCs 11 qm mit Vorraum. Die Feierhalle hat 70 Sitzplätze (mit Schwerhörigen-Anlage), 30 Stehplätze im Mittelgang des Raums und 100 Stehplätze unter dem Vordach (mit Lautsprecher-Übertragung). — Baumaterialien: Außenwände roter holländischer Handstrichziegel, innen: Rauhputz weißgestrichen, Decke: Holzbinder-Greinbauweise, Holzschalung aus Fichtenbrettern. Fußboden: Pflaster in Sandbettung aus holländischen rotbraunen Pflasterklinkern, elektrische Bankheizung.

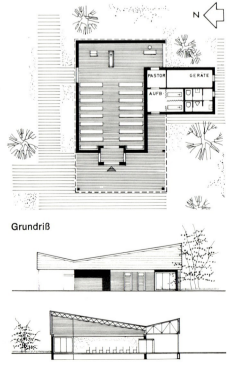

Grundriß

FRIEDHOFSHALLEN STÄDTISCHER GRÖSSENORDNUNG

Blick aus der Feierhalle zum Friedhof

Metzingen

Dipl.-Ing. Johannes Lünz, Stuttgart-Vaihingen, Ergebnis eines Wettbewerbs, Bauzeit: 1962/66.

Lage innerhalb des Friedhofs Auchtert an der höchsten Stelle des Geländes, somit Dominante des Friedhofs. Größe des Friedhofs im ersten Bauabschnitt ca. 2,3 ha, davon 26 % Belegungsfläche; Einzugsgebiet ca. 14.600 Einwohner, für die noch zwei weitere Friedhöfe zur Verfügung stehen. Umbauter Raum: 3.002,62 cbm, Nutzfläche des Feierraums 240,30 qm, der Nebenräume 120,87 qm, Größe der Aufbahrungszellen zwischen 5,91 und 9,75 qm, Schauzellen 15,23 qm; im Feierraum 140 Sitzplätze, 100 Stehplätze. — Baumaterialien: Kalksandstein, Beton, Holz, Glas.

Grundriß
1 Feierhalle
2 Pfarrer
3 Aufbahrung
4 Sezierraum
5 Träger
6 Wartehalle
7 WC
8 Geräte

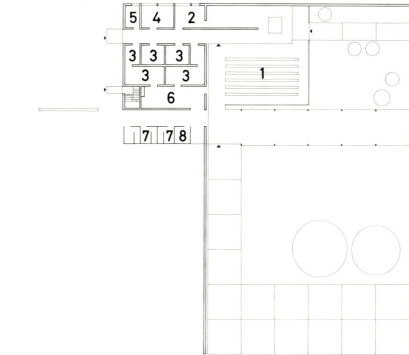

Meldorf/Holstein

Friedhof der Ev.-Luth. Kirchengemeinde, Architekt der Friedhofshalle: Otto Andersen, Malente, 1968.

Einzugsgebiet: Stadt Meldorf mit 8.500 Einwohnern und zwei Landgemeinden mit 16 Dörfern mit 7.000 Einwohnern. Friedhofsfläche: 8 ha, davon 6 ha z. Z. in Nutzung, Belegungsfläche 55,25 %, überbaute Fläche 2,5 %, Wege und öffentliche Grünfläche 42,25 %. Aussegnungshalle mit Zeltdach in Leimbinderkonstruktion mit Eternit-»Schiefer«-Deckung, innen Holzverschalung gestrichen. Giebelseiten verglast zur Sichtverbindung mit dem Friedhof. Fußboden aller Räume in Waschbeton. Grundfläche der Aussegnungshalle 209 qm, Stapelstühle für 144 Sitzplätze, Erweiterungsmöglichkeit auf 180 Sitzplätze, dann noch 60 Stehplätze, Orgelempore; insgesamt umfaßt der Feierraum 1.100 cbm umbauten Raum.

Der Trakt für die Aufbahrungskammern ist als Fachwerkkonstruktion aus Holz erstellt und beiderseits mit Steinen verblendet worden. Außenmauern und Zwischenwände der Kammern in roten holländischen Handstrichziegeln, die Kopfwände der Kammern, die Außenmauern des Ganges vor den Kammern, Geräteraum etc. aus gelbem dänischem Hohlstein, mit Binderfarbe weißgestrichen. Die Leichenkammern sind 2,8 m breit, 3,5 m lang und alle mit einem Bahrwagen in Sonderanfertigung nach eigenen Angaben ausgestattet, auf dem der Sarg bis zum Einsenken in das Grab verbleibt. Im Bedarfsfall können in einer Kammer zwei Leichen aufgebahrt werden. — Für das Geläut wird eine Glocke der pommerschen Gemeinde Voßberg aus dem Dreißigjährigen Krieg verwendet, die man nach dem Zweiten Weltkrieg auf dem »Glockenfriedhof« in Hamburg fand.

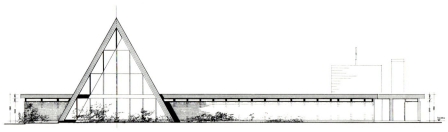

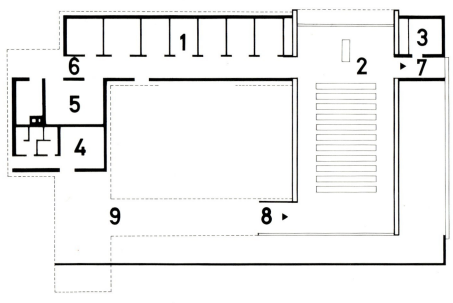

Grundriß
1 Aufbahrungskammern
2 Feierhalle
3 Pfarrer
4 Warteraum
5 Geräteraum
6 Einlieferung
7 Ausgang
8 Eingang
9 überdachter Gang

Hunsheim

Architekten Arthur Oehler/Uwe Oehler, Brüchermühle, 1963/64.

Die Zeltform wurde im Hinblick auf die Bestimmung des Gebäudes gewählt. Für die Beschickung der Kellergeschoßräume ist wegen des wenig fallenden Geländes eine vertiefte Zufahrtsrampe erforderlich. Für die Größe der Feierhalle wurde der örtliche Durchschnitt der Personenzahl bei Beerdigungsfeiern festgelegt, ggf. kann die nur durch eine Glaswand getrennte Freilufthalle einbezogen werden. Stahlbetonskelett-Bauweise, wobei die bis zum Erdreich durchgeführten Dachbinder die Kräfte gradlinig auf die Fundamente übertragen. Ausfachungen mit Filigranbetonelementen, teilweise Sichtmauerwerk aus rostbraunen Vormauerziegeln, Dachdeckung mit altfarbenen Tonfalzziegeln, Sparrenuntersichten Pitchpine-Schalung.

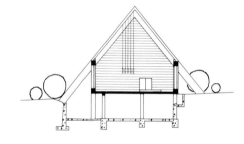

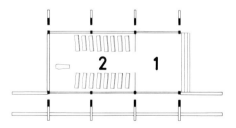

Grundriß Erdgeschoß
1 überdachte Freilufthalle, 39,20 qm
2 Feierhalle, 74,05 qm mit 64 Sitzplätzen

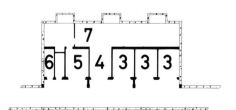

Grundriß Kellergeschoß
3 Aufbahrungskammern, 7,94 bzw. 8,33 qm
4 Personalraum, 8,33 qm
5 Umkleideraum für Pfarrer, 8,73 qm
6 WC
7 Geräteraum, 30,48 qm

Mainz-Gonsenheim

Städt. Hochbauamt, Architekt Mayer und Bau-Ing. Wetter, 1960/61.

Einzugsgebiet: 25.563 Einwohner, Größe des Friedhofes 16,2 ha, davon 40 % Belegungsfläche. Umbauter Raum 2.393 cbm, überbaute Nutzfläche 459,69 qm, davon entfallen auf die Feierhalle mit 98 Sitzplätzen und 40 Stehplätzen 155 qm. 3 Aufbahrungskammern, 1 Kühlraum. Außen- und Innenwände: Stahlkonstruktion, Hohlblock beidseitig verputzt; eine Wand: Betonwabensteine; Decke der Leichenhalle: Bretterverkleidung; Decken der Nebenräume: verputzt. — Der teilüberdachte Vorhof ist sehr bewußt in den funktionellen Ablauf einbezogen. Nicht nur in der Verwendung der Wabenbausteine steht der Bau wie das vorangegangene Projekt Hunsheim, bei dem vorgefertigte Teile verwendet werden konnten, im deutlichen Kontrast zu den folgenden individualistischen Friedhofsbauten.

Blick von Norden auf Rück- und Seitenwand der Feierhalle

1 Kühlraum
2 Aufbahrungskammer
3 Pfarrer
4 Heizung
5 Blumen
6 Feierhalle
7 Eingang
8 Büro
9 Angehörige
10 Personal-Tagesraum
11 Arbeitsraum
12 Unterstand für Fahrräder

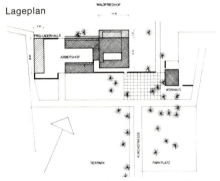

Lageplan

Schnitt

Grundriß

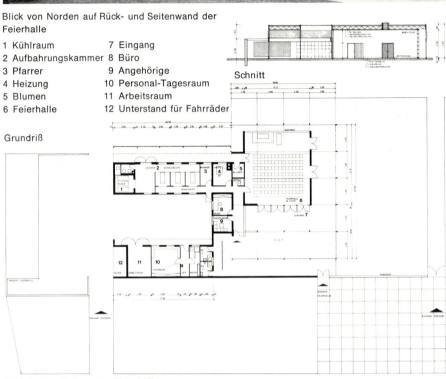

Blick vom Eingang in den überdachten Umgang um die Feierhalle

Blick in den Hof vor der Feierhalle

Eningen unter Achalm, Landkreis Reutlingen

Architekt Eugen Riehle, Reutlingen, 1970.

8.400 Einwohner im Einzugsgebiet. Ausgeführt wurde zunächst nur der erste Bauabschnitt der Feierhalle mit den Nebenräumen, in einem zweiten Bauabschnitt folgen die Wohnung für den Friedhofswärter mit Lager. Umbauter Raum insgesamt: 3.035 cbm, überbaute Fläche insgesamt: 671 qm.

Im Untergeschoß befinden sich technische Vorrichtungen, wie Heiz- und Kühlanlagen in insgesamt 262 cbm umbautem Raum. Verwendete Baumaterialien: Stahlbeton und rauhgeschalter Sichtbeton, sichtbares Kalksandsteinmauerwerk, Dachdeckung: 4lagiges Preßkiesdach mit Korkisolierung auf Bitumenbasis, Decke über Aussegnungshalle: Stahlbetonrippendecke als Kassettendecke, über den Aufbahrungskammern und Nebenräumen Stahlbetonmassivplatte, Fußböden in allen öffentlichen Räumen Tonfliesen. Der Auftrag wurde nach einem Wettbewerb vergeben, in dem der Architekt den ersten Preis erzielte.

Grundriß
1 Feierhalle, 160,93 qm, Empore, 13,38 qm, Bestuhlung für ca. 130 Sitzplätze
2 Aufbahrungskammern, je 14,70 qm
3 Warteraum für Leidtragende, 17,90 qm
4 Raum für den Geistlichen, 7,92 qm
5 Urnenübergaberaum, 13,38 qm
6 Aufenthaltsraum für Personal und Friedhofswärter mit 16 bzw. 17 qm
7 Geräteraum, 15,75 qm
Die überdachte Vorhalle hat 57,13 qm

Westansicht

Schnitt Nord-Süd

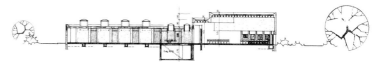

Beverungen/Landkreis Höxter, Neuer Friedhof

Architekt Wilfried Berens, Köln, 1971/72. Landschaftsarchitekt H.-J. Schwarzenbarth, Sandershausen b. Kassel.

Der Friedhof für ein Einzugsgebiet von ca. 6.000 Einwohner hat eine Gesamtfläche von 35.000 qm, ausgebaut im 1. und 2. Bauabschnitt 10.000 qm.
Das Gebäude steht an einem optischen Drehpunkt im oberen Bereich des stark hängigen Geländes so weit im Hanganschnitt, daß die Pflanzflächen über die Dächer der Aufbahrungskammern hinweggehen, die so auf natürliche Weise kühl liegen. Lediglich das Dach der Feierhalle gibt dem Bau einen starken Akzent. — Umbauter Raum: 961 cbm, überbaute Fläche: 230,5 qm, Feierraum 80 qm, Raum für Pfarrer 9 qm, Flur und WC 25 qm, 2 Sargkammern à 10 qm, ein Aufbahrungsraum als Sezierraum ausgestattet, mit 18 qm, Abstellraum 11 qm, Geräteraum 24 qm.

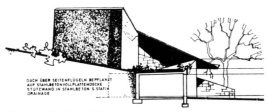

Süd-Ansicht, Schnitt C—D

Schnitt A—B

Nordwest-Ansicht
Ost-Ansicht

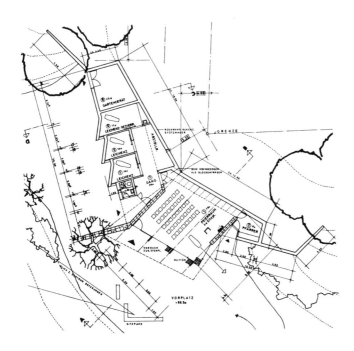

Lindenberg i. Allgäu

Architekten Dipl.-Ing. Helmut Schöner-Fedrigotti, Helge Noae, Deisenhofen b. München, Planungsbeginn 1967, Ausführung 1969/1971. Planung des Bergfriedhofs: Prof. Ludwig Roemer und Michael Hertel, Söcking am Starnberger See

Die Aussegnungshalle besteht — nach den Worten der Architekten — aus einem großen behütenden Dach, unter dem der Aussegnungsplatz, die Vorhalle, 4 Aufbahrungszellen und die notwendigen Nebenräume als ineinanderfließende, räumliche Einheit angeordnet sind. Die überwiegend rund geführten Mauern vermitteln das Geborgensein und Gemeinsame. Die Form des Daches folgt den Bewegungen des Geländes und umgreift mit seiner Hofseite den Eingang wie mit aufnehmender Gebärde. Ebenso überspannt es freie Räume. — Aussegnungsraum und Vorraum sind durch weite Öffnungen miteinander verbunden, so daß bei großen Beerdigungen eine größere Zahl Menschen teilnehmen kann. Andererseits ist der Kreis des Aussegnungsraums so bemessen, daß auch eine kleine Zahl von Hinterbliebenen sich darin nicht verloren fühlt. In den Aufbahrungskammern wird der Tote symbolisch wieder in sein eigenes Haus gebracht, das ihn als Persönlichkeit umgibt und beschützt. Das Haus bietet entsprechend Raum für die Angehörigen, die frei an den Sarg herantreten und sich ungestört um ihn versammeln können. — Die Aussegnungshalle wurde nicht unterkellert, damit alle Räume mit der Erde direkt in Verbindung bleiben.

Grundriß
1 Vorhof
2 Haupteingang
3 Nebeneingang
4 Vorhalle
5 Aussegnungsraum
6 Aufbahrungskammern
7 Personal
8 Pfarrer
9 Schaltraum
10 Geräte

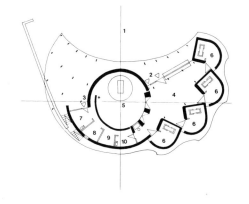

Herrenberg

Wettbewerbsentwurf Prof. Dipl.-Ing. Max Bächer, Stuttgart, 1967.

Aussegnungshalle, Aufbahrungskammern, Verwaltungs- und Wirtschaftsräume, Verwalter-Wohnung und Läden für das Friedhofsgewerbe sind trotz der Zusammenfassung klar voneinander abgesetzt. Grundriß-Zeichnung und Modell zeigen die deutliche Hervorhebung der Aufbahrungsräume, die auch in der baulichen Gliederung davon ausgehen, daß der Tote einst in seinem Haus aufgebahrt war; der Weg geht von diesen Aufbahrungshäusern zur Aussegnungshalle und durch sie hindurch zum Grab. Hier werden die einstige Aufbahrung im Sterbehaus, das Geleit für den Toten durch die Gemeinde, die gemeinsame Abschiedsfeier und Aussegnung und der weitere Gang zum Grab mit der Bestattung nachvollzogen. 4 Bauabschnitte waren vorgesehen, kamen jedoch nicht zur Ausführung.

Grundriß
1 Aufbahrung
2 Sezier- und Arztraum
3 Geräteraum und Garagen
4 Wohnung
5 Heizung
6 Pfarrer und Angehörige
7 Büro
8 Feierraum
9 Personal
10 Ladenzeile

Leonberg

Prof. Dipl.-Ing. Max Bächer, Stuttgart, Wettbewerb für den neuen Waldfriedhof 1963, Bauzeit: 1967/71. Friedhofsplanung: Landschaftsarchitekt Hans Luz, Stuttgart.

Die Waldwiese mit den Gebäuden auf einem Höhenrücken ist der zentrale Bereich des neuen Waldfriedhofs. Der Ablauf der räumlichen Situation in Beziehung zu ihrer Aufgabe sollte konkrete bauliche Interpretation finden. Betriebs- und Verwaltungsräume haben sekundäre Bedeutung. Sie wurden den dominierenden Aufbahrungsräumen untergeordnet. Die Trauergemeinde trifft sich unmittelbar vor dem Bereich der Aufbahrung, den Häusern der Toten, holt sie dort ab und geleitet sie über die Feierhalle zum Grab. Entsprechend ist der Feierraum Durchgangsraum. Folglich kommt den Türen der Aufbahrungskammern und der Feierhalle besondere Bedeutung zu. Sie wurden mit einem wiederkehrenden Symbol gestaltet. Die elementaren Formen der Baukörper sollen einer »Verniedlichung des Todes« entgegenwirken.

Grundriß
1 Feierhalle
2 Aufbahrung
3 Warteräume
4 Pfarrer
5 Verwaltung
6 Überdachte Wartehalle
7 Personal
8 Geräte- und Arbeitsräume
9 Sezierraum und Kühlzellen
10 WC

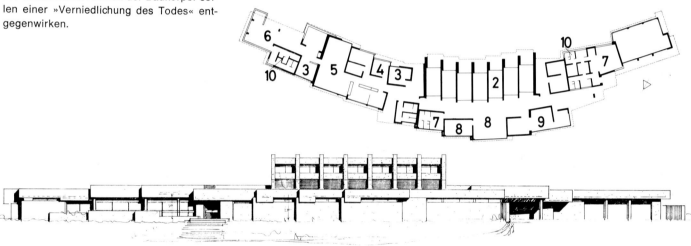

Gauting

Architekten Dipl.-Ing. Freiherr von Branca, Dipl.-Ing. Erhard Fischer, München, Wettbewerb, Entwurfs- und Bauzeit: 1963/65.

Einzugsgebiet: 15.000 Einwohner, Größe des Friedhofs 3,34 ha. Umbauter Raum der Feierhalle 737 cbm, Grundfläche der Feierhalle 118 qm. Bestuhlung nicht fest eingebaut, nach Bedarf möglich, Fassungsvermögen ca. 100 Personen. 8 Aufbahrungszellen mit je 9,3 qm, durch Glaswände voneinander getrennt; im Kellergeschoß Heizungs-, Abstell- und Geräteräume. Baumaterialien: Kalksandstein, Sichtbeton, Glas.

Die Leichenhalle liegt abgeschlossen vom Ort der Aussegnungshandlung, sie wird durch eine Pforte vom Vorhof aus erreicht. Zufahrt über Wirtschaftsweg. Die Aufbahrungskammern sind tonnenförmig überdeckt, das Tonnenende ergibt die Lichtquelle. Die Aussegnungshalle ist bewußt unpathetisch gehalten, im hochgezogenen Teil Empore für Orgel- und Streichquartett.

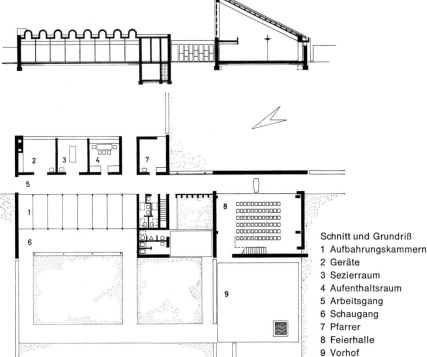

Schnitt und Grundriß
1 Aufbahrungskammern
2 Geräte
3 Sezierraum
4 Aufenthaltsraum
5 Arbeitsgang
6 Schaugang
7 Pfarrer
8 Feierhalle
9 Vorhof

Dietzenbach

Architekten Witan und Securius, Offenbach, Mitarbeiterin Ingeborg Vieweg, Entwurf der Glaswände Bernd Rosenheim, Offenbach, 1965/66.

Schnellwachsende Stadt vor den Toren von Frankfurt und Offenbach mit z. Z. etwa 12.500 Einwohnern. Der Entwurf ging aus einem Wettbewerb hervor.
Die Anlage wird durch langgestreckte Mauerscheiben in die verschiedenen Zonen unterteilt. Die dreieckige Feierhalle wird an zwei Seiten von Bleiglaswänden abgeschlossen, die dritte Seite besteht aus einer der Bruchsteinscheiben. Vor dieser Wand wird der Sarg zur Aussegnung aufgebahrt. Der Innenraum steigt zur Spitze des Dreiecks an. Umbauter Raum: 2.770 cbm, bebaute Fläche: 706 qm.

1 Eingang
2 Vorhalle
3 Feierhalle
4 Empore
5 Pfarrer
6 Angehörige
7 Aufbahrungskammern
8 Anlieferung
9 Arbeits-, Personal- und Geräteräume
10 Pkw-Einstellplätze

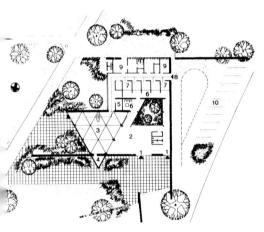

Weingarten

Architekten: Landschaftsarchitekt Dipl.-hort. Günther Grzimek, München, und Architekt H. F. Eychmüller, Ulm, 1962/63.

Einzugsgebiet für den neuen Friedhof ca. 13.600 Einwohner bei 3,40 ha Friedhofsgröße mit 79 % Belegungsfläche. Drei kubische Baukörper für Verwaltung, Aufbahrung und Feier sind mit einem überdeckten Gang verbunden; strenger Kubusraster für Grund- und Aufriß in den Abmessungen 3,60 x 3,60 m, der sich auch in den umgebenden Freiräumen fortsetzt. — Der 10,80 x 18 m große Feierraum wird durch die drei Haupttüren der Glaswand zum Vorplatz betreten, der der Dreiteilung der gegenüberliegenden Glaswand mit dem Katafalk davor entspricht. 90 Sitzplätze auf Bänken und 30 Stehplätze mit Ausblick auf eine immergrüne Pflanzung. Nur drei Baumaterialien wurden verwandt: Sichtbeton, Glas und naturfarbenes Kiefernholz, die Schalbretter für den Beton haben die gleichen Abmessungen wie die Bretter der Holzelemente.

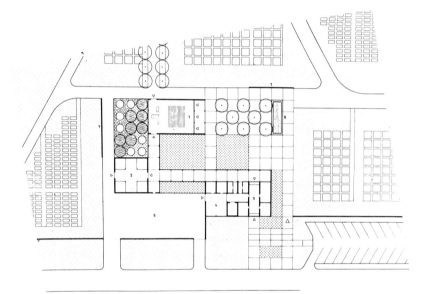

Grundriß
1 Feierhalle
2 Aufbahrung (der geschlossene Kubus ist durch 6 Lichtkuppeln belichtet, der Raum durch Glaswände in 4 Aufbahrungszellen unterteilt, bei Bedarf können zwei weitere Zellen eingebaut werden)
3 Verwaltung
4 Geräte
5 Wirtschaftshof
6 Wasserbecken
7 Mauerscheiben

Berlin-Neukölln, Parkfriedhof Neukölln

Bezirksamt Neukölln, Hochbauamt, 1956/57.

Zweigeschossiger Bau (Erd- und Kellergeschoß) mit zwei Feierhallen verschiedener Größenordnung.
Ein überdeckter Gang verbindet die Trakte der großen und kleinen Feierhalle.

Erdgeschoß
1 Feierhallen, 213 bzw. 96,6 qm
2 Warteraum vor der großen Halle, 42,6 qm
3 Umkleideraum für Geistliche, je 5 qm
4 Raum für Sänger hinter der kleinen Feierhalle, 15,4 qm
5 Urnenfeierraum, 16 qm
6 Büroraum, 13,4 qm
7 Raum für Bahrwagen, 16,5 qm
8 Aufenthaltsräume für Gartenarbeiter, 10,23 qm + Nebenräume für Sargträger, 22,8 qm
9 Raum für Pflanzen, 49,4 qm

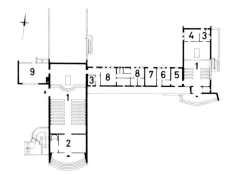

Untergeschoß
10 Sargkeller, jeweils 72,8 qm
11 Sargräume mit jeweils 15,3, 22,4 24,5 qm ohne den breiten Verbindungsgang
12 Kühlanlage
13 Kammern für Einzelaufbahrung bei Besuch der Angehörigen, jeweils 8,6 qm
14 Ölheizung
15 Treppenhaus
16 Vorraum für die Anlieferung, 28 qm
17 Rampe für die Anlieferung

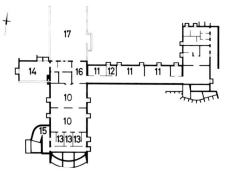

Saarbrücken, Hauptfriedhof

Hochbauamt der Stadt Saarbrücken, Stadtbaudirektor Peter-Paul Seeberger, Mitarbeiter G. Kunz, H. Melchior, 1963/65.

Volle Belegung zwang 1956 zur Erweiterung des südlich der Stadt gelegenen Hauptfriedhofs auf 70 ha. Die Entfernung des Erweiterungsteils von der vorhandenen Halle erforderte ein Neuprojekt, in das aus wirtschaftlichen Erwägungen ein Gartenbauhof einbezogen wurde. Er dient zugleich der Überwindung der Geländedifferenz und kam z. T. unter dem Zellentrakt zu liegen. Die Räume für die Ordner sind über dem Gartenbauhof angeordnet, wobei über den oberen Innenhof die Anlieferung der Särge erfolgt. Die Feierhalle faßt mit Empore 200 Personen, Ein- und Ausgang sind einander gegenüber angeordnet. Umbauter Raum insgesamt: 7.906 cbm, Halle 2.534 cbm, Nebenräume 3.549 cbm, Gärtnerunterkunft 1.823 cbm. Bebaute Fläche insgesamt: 2.000,50 qm, Halle 320,31 qm, Nebenräume 1.014,85 qm, Gärtnerunterkunft 665,34 qm. Baumaterialien: Sichtbarer Stahlbeton, die Deckenuntersichten der Halle und des umliegenden Bereichs wurden rustikal verbrettert.

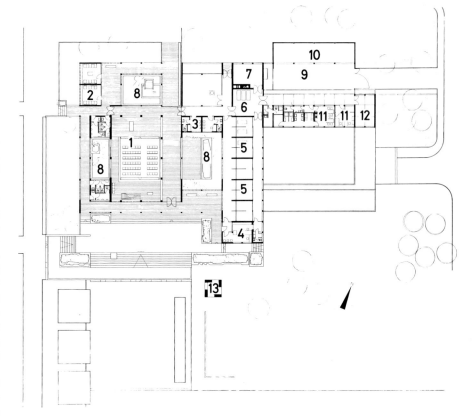

Grundriß
1 Feierhalle
2 Warteräume für Leidtragende
3 2 Räume für Geistliche
4 Büro für Hallenmeister
5 Aufbahrungskammern für 10 Särge
6 Wagenraum
7 Material- und Kranzraum
8 Innenhöfe mit Brunnen
9 Einlieferungshof
10 Wagenunterstellraum
11 Hallenmeister und Bestattungsordner
12 Raum zum Einsargen
13 Glockenturm

Saarbrücken, St. Arnual

Hochbauamt der Stadt Saarbrücken, Stadtbaudirektor Peter-Paul Seeberger, Mitarbeiter G. Kunz, H. Melchior, 1964/65.

Nachbarschaftsfriedhof für den Stadtteil St. Arnual. Der Friedhof ist in eine langgezogene schmale Talmulde eingebettet. Landschaftsstruktur sowie Lage und Gestaltung des Friedhofs führten zu einem Zentralbau, einem Oktogon, das in zeltähnlicher Form im Zentrum des Friedhofs erstellt wurde. An die Feierhalle schließt östlich ein offener Verbindungsgang an, der zum nördlich gelegenen flachgedeckten Neubau führt mit Aufbahrungskammern, Räumen für Leidtragende, Personal etc. Das ansteigende Gelände erforderte an der Eingangsseite eine Freitreppe, hinter dem Ausgang entstand ein kleiner Platz, dessen niedrige Stützmauer Hallenebene und Gräberfeld voneinander trennen.

Umbauter Raum: Halle 1.065 cbm, Nebengebäude 585 cbm. Bebaute Fläche: Halle 139 qm, Nebengebäude 239 qm.

Die Feierhalle in innen und außen sichtbarer Stahlbeton-Binderkonstruktion erstellt, Dachhaut in Holzkonstruktion mit innen sichtbarer Verbretterung, Dachflächen in Schiefer eingedeckt. Seitliche Anschlüsse an die Binder sowie Abdeckungen der Horizontalbauten in Kupfer. Oberer Abschluß der Halle, von innen sichtbar, ein flaches Oberlicht mit Betonglas. Fußboden aus Betonplatten. Beleuchtung indirekt durch eine umlaufend, zwischen den Bindern angeordnete, Betonrinne. Nebengebäude: massiver Stahlbetonbau.

Blick zum Ausgang

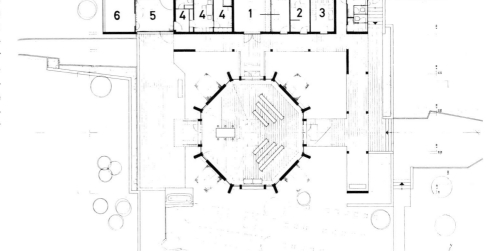

1 Aufbahrungsraum, 17,5 qm
2 Raum für Pfarrer, 9 qm
3 Raum für Leidtragende, 11,4 qm
4 Aufenthaltsraum, 9 qm
5 Waschraum, 8,4 qm
6 WC und Vorraum für Personal

Blick auf den Haupteingang

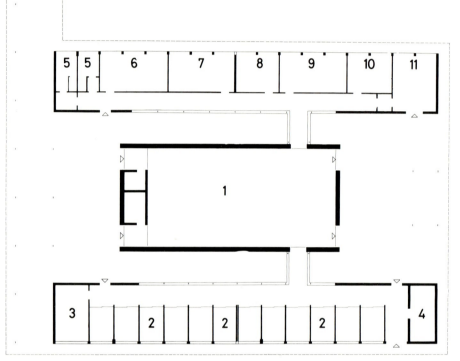

Grundriß
1 Feierhalle, 200 qm
2 Aufbahrungskammern, ca. 9 qm
3 Sammelzelle, ca. 20 qm
4 Kühlzelle, ca. 13 qm
5 WC
6 Büro
7 Raum für Angehörige
8 Raum für Geistliche
9 Dekorationsraum
10 Aufenthaltsraum für Träger
11 Leichenwagen

Essen-Altenessen, Nordfriedhof

Architekten M. Buse/Dipl.-Ing. Knepper, Essen, 1962/63.

Flaches mit dem Eingangsbereich verbundenes Bauwerk.
Einwohnerzahl des Stadtteils 73.000, künftige Größe des Nordfriedhofs 20 ha, Belegungsdichte 35 %/o (im Einzugsgebiet 2 weitere Friedhöfe mit 9 ha).
Der reine Zweckbau paßt sich der ebenen Fläche an. Umbauter Raum 5.250 cbm, überbaute Fläche 1.420 qm, in der Halle 100 Sitz- und 100 Stehplätze, Größe der 14 Sargkammern 2,50 x 3,50 m pro Einheit.
Baumaterialien: Stahlbeton, verkleidet mit norwegischem Quarzit, auch im Innern des Feierraums, sonst verputzt oder verklinkert.

Grundriß Erdgeschoß
1 9 Aufbahrungskammern je 10 qm, 2 Sammelräume, davon einer Kühlraum, für je 5 Särge
2 Feierhalle, 211 qm, mit 160 Sitzplätzen
3 Personalräume
4 WC
5 Verteiler
6 Dekorationsraum
7 Raum für Pfarrer
8 Raum für Angehörige
9 Büro
10 überdachter Eingang
11 Innenhof

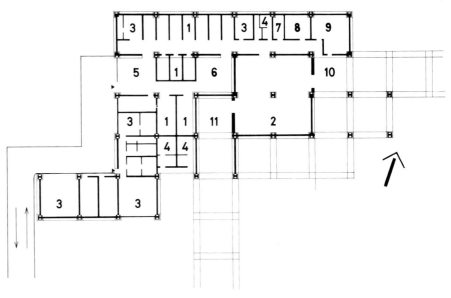

Essen-Überruhr

Atelier Assoziierter Architekten, 1967/68.

Einwohnerzahl des Stadtgebiets 95.000, künftige Friedhofsgröße 37 ha mit 30 % Belegungsdichte (im Einzugsgebiet noch 4 weitere kommunale Friedhöfe mit ca. 12 ha und 8 konfessionelle Friedhöfe mit ca. 8 ha). Das Gebäude sollte sich dem stark hängigen Gelände anpassen, und obwohl es sich nur um den 1. Bauabschnitt handelt, kein Provisorium darstellen.
Umbauter Raum: 3.550 cbm, überbaute Fläche: 750 qm.
Baumaterialien: Stahlbetonskelett mit Pultdächern aus Holzdreieckbinder, Dachverkleidung mit Asbestzementschieferdoppeldeckung, Verkleidung der Pfeiler mit bayerischem Granit, Wände mit Betonbinder verputzt und gestrichen.

Stuttgart-Weilimdorf

Architekten Prof. Dipl.-Ing. Hans Kammerer/ Prof. Dipl.-Ing. Walter Belz, Stuttgart, Bauzeit 1965/69.

Einwohner ca. 50.000, Größe des Friedhofs 20 ha (davon 20 % Belegungsfläche).
Gliederung in drei Baugruppen: Feierhalle mit Aufbahrungshaus und Nebenräumen, Betriebsgebäude mit zwei Wohnungen, die außerhalb des Friedhofs gelegenen Verkaufsräume und Werkstätten für Gärtner und Bildhauer. — Feierhalle und Aufbahrungshaus stehen auf einer, den Friedhof beherrschenden kleinen Kuppe. Die Feierhalle wirkt in einfacher, aber bewegter Form auf den Eingangsplatz ein und beherrscht das Wiesental. Ihr zu- und untergeordnet ist das eingeschossige, flachgedeckte Aufbahrungshaus. Auf einem kleinen Plateau vor der Halle liegt ein überdeckter Freiaussegnungsplatz. Umbauter Raum insgesamt: 8.360 cbm, überbaute Fläche insgesamt: 1.618 qm. Feierhalle 358 qm, hierzu kommen Empore für Orgel und Chor, 188 Sitzplätze, ca. 80 Stehplätze.
Aufbahrungshaus, 766 qm, mit 6 Doppelzellen zu je 15 qm (ohne funktionell einzubeziehende Vorfläche), einem Urnenübergaberaum, einem Trägerraum, einem Aufseherraum, einem Pflanzenraum, Sargaufzug, großer Kühlzelle, Sarglager.
Baumaterialien: Sichtbeton, Eternit-Schieferdach mit innen sichtbaren Holzträgern und Holzschalung. Fußboden aus Zement mit Granitpflasterstreifen.
Der Paul-Bonatz-Architekturpreis 1971 wurde für diesen Friedhof einschließlich der Bauten vergeben.

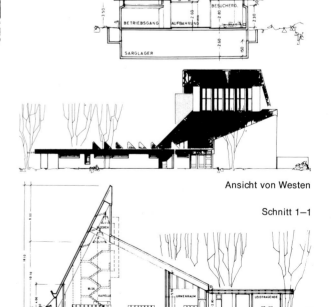

Ansicht von Westen

Schnitt 1–1

95

Frankfurt-Westhausen

Architekt Günter Bock, Frankfurt/Main, in Zusammenarbeit mit Bildhauer Otto Hajek, Stuttgart, und Orgelbauer Voigt, Frankfurt/Main-Höchst, 1962/66.

Einzugsgebiet ca. 150.000 Einwohner, Größe des Friedhofs ca. 38 ha mit einer Belegungsdichte von 22 %.
Feierhalle, umbauter Raum: 3.035 cbm, überbaute Fläche: 320 qm; Nebengebäude, umbauter Raum: 2.560 cbm, überbaute Fläche: 393 qm. Durch eine Leitwand von 75 m Länge, die parallel des Weges zur Trauerhalle steht, werden die Teilnehmer an einer Trauerfeier zur Feierhalle geleitet. Die Mauer, die innerhalb der Halle sich fortsetzt und auf der anderen Seite wieder herausführt, soll Sinnbild des Wegs vom Diesseits zum Jenseits sein. Die Halle, die als »statio«, d. h. als ein Ort, wo man auf dem Weg zum Grab noch einmal kurz verweilt, gedacht ist, besitzt zum Hauptweg des Friedhofs hin eine mächtige fensterlose Betonfaltwand. Nach den drei anderen Seiten sind oberhalb der Leitwand Lichtbänder unter einem leicht wirkenden Faltdach. Die endgültige Aufnahme des Toten in den Friedhofsbereich wird am Ende jeder Erdbestattungsfeier durch ein Glockengeläut am Ende der Leitwand verkündet.
Die Feierhalle, für 75 Personen, ist mit schweren Eichenbänken aus gekalkter Mooreiche ausgestattet, Stehplätze für die gleiche Personenzahl. Auf der Empore über dem Eingang eine Pfeifenorgel mit zwei Manualen und 22 klingenden Registern. Für Feuerbestattungsfeiern besteht eine Sargversenkanlage zum Kellergeschoß, wo sich 20 Kühlzellen befinden, je 3,5 x 2,2 m, mit jeweils getrenntem Betriebs- und Besuchergang. Baumaterial: Sichtbeton.

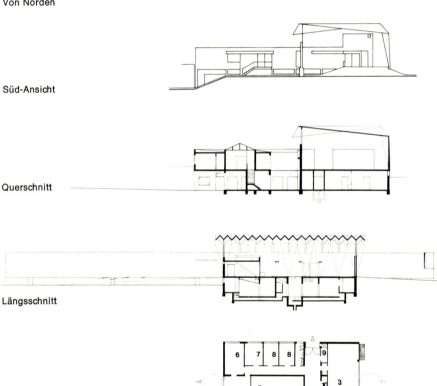

Von Norden

Süd-Ansicht

Querschnitt

Längsschnitt

Grundriß Erdgeschoß
1 große Feierhalle
2 Leidtragende
3 kleine Feierhalle
4 Innenhof
5 Pflanzen, Dekoration
6 Verwaltung
7 Sargträger
8 Geistliche
9 Putzraum
10 Abstellraum
Die Aufbahrungskammern befinden sich im Untergeschoß

Süd-Ost-Blick mit Leitmauer von Otto Hajek

Nord-Ost-Ansicht   Feierhalle nach Westen ▶

97

Bamberg

Stadtbaudirektion/Hochbauamt, Baudirektor Hans Rothenburger und Städt. Bauoberamtmann Hans Apel, 1966.

Die Aussegnungshalle über fünfeckigem Grundriß überragt den flachgehaltenen Baukomplex. Eine Mauer schließt den Personaltrakt an den Raum für die Angehörigen an. Dadurch entsteht ein Innenhof vor der Halle zur Versammlung der Trauergäste. Der Zugang zu ihm wird von zwei 4 m hohen reliefgeschmückten Natursteinwänden flankiert. An seiner Nordostseite liegt der Eingang zur Feierhalle. Er wird überdeckt durch die hier auskragende Spitze des Fünfecks, die im Innenraum die Empore birgt (Bild unten links). — Sowohl die Zugänge als auch der innerbetriebliche Ablauf vermeiden jede Überschneidung. Die Anfahrt erfolgt über den Wirtschaftshof im Winkel zwischen den Trakten für die Aufbahrungskammern und die Personalräume.

Baustoffe: Holz, Schiefer, Naturstein und Beton; Glockenträger: eine 21 m hohe Stahlkonstruktion über dreieckigem Grundriß.

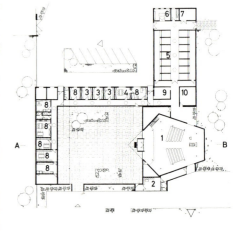

1 Feierhalle, ca. 350 qm Grundfläche, für 250 Personen. Einziger Schmuck ist ein in Applikationstechnik gearbeiteter Wandteppich (Entwurf Heinz Kettmann, Bamberg)
2 Raum für Angehörige
3 Räume für die Geistlichen
4 Aufenthaltsraum für die Sargträger
5 14 Aufbahrungskammern mit 2 Besuchergängen
6 Sezierraum
7 Kühlzelle
8 Personalräume
9 Kranzraum
10 Abstellraum

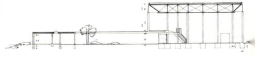

Kassel, Westfriedhof

Architekten Dipl.-Ing. Kurt v. Wild †, Dipl.-Ing. Wolfgang Haeseler, Kassel, Wettbewerb 1966, Bauzeit 1968/70.

Einzugsgebiet: Weststadt mit ca. 50.000 Einwohnern, Größe des Friedhofs im Endausbau 26 ha, im ersten Bauabschnitt ausgebaut 2,5 ha. — Feierhalle mit Nebenräumen. Umbauter Raum: insgesamt 5.482 cbm, Nutzflächen insgesamt 1.206 qm, Nebenfläche 223 qm, Feierhalle 2.063 cbm, 252 qm, 150 Sitzplätze + Stehplätze, 15 Kühlzellen à 8,67 qm. Außenwände: Sichtbeton und besandete Vormauerziegel, innen: Putz, in den Sanitärräumen Fliesen, in der Feierhalle Verblendmauerwerk, Decke: gestäbte Holzfelder zwischen Sichtbetonbalken, Fußboden: Natursteinplatten.

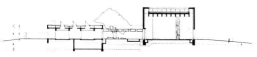

Querschnitt durch den Innenhof

Grundriß Erdgeschoß
1 Feierhalle
2 Aufbahrungskammern (Kühlzellen)
3 Geräte-, Personal- und Arbeitsräume
4 Pfarrer
5 Angehörige
6 Büro
7 Vorhalle
8 Innenhof

Böblingen

Architekten Rödl-Kieferle, Böblingen, Ergebnis eines beschränkten Wettbewerbs, Ausführung 1966/67, Friedhofsplanung Dr. Steinle und Claus, Stuttgart (s. Plan 1. Bauabschnitt unten rechts), Endgröße des Friedhofs 21,3 ha, bis 35 % Belegungsfläche, 50.000 Einwohner im Einzugsgebiet.

Der Baukomplex mit der Halle umfaßt 11.307 cbm umbauten Raum, davon 4.500 cbm für die Feierhalle, gesamte Nutzfläche 1.906 qm, Aussegnungshalle 408 qm, der Feierraum ist für maximal 450 Besucher angelegt, 15 Einzelaufbahrungskammern, 1 Doppelzelle.

Baumaterialien der Feierhalle: Außenwände 50 cm starke Einkornbetonwände, innen und außen gewaschen; Decke: Holzriemenschalung; Fußboden: Kunststeinboden mit Fußbodenheizung.

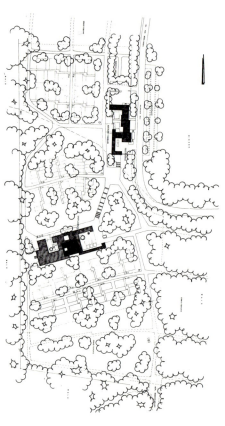

Lageplan

Neureut, Landkreis Karlsruhe

Dipl.-Ing. Rainer Disse, Karlsruhe-Waldstadt, beschränkter Wettbewerb, Bauzeit 1962/64.

Hauptfriedhof für ca. 15.000 Einwohner, 4,65 ha, ca. 36 % Belegungsfläche. Feierhalle ca. 3.600 cbm umbauter Raum (ohne überdachte Wandelgänge), ca. 260 qm Nutzfläche für etwa 250 Sitzplätze und 100 Stehplätze. 6 Aufbahrungskammern mit je 8 qm. — Außenwände der Feierhalle (entsprechend der Einfriedungsmauer) in Flußkieselmauerwerk, alle übrigen Außenwände und Tragelemente in rauhem Sichtbeton.

Grundriß Erdgeschoß
1 Feierhalle
2 Aufbahrung
3 Sezierraum
4 Anmeldung
5 Angehörige
6 Pfarrer
7 Abstellraum
8 WC
9 Kühlraum
10 Geräte
11 Personal
12 Geräte

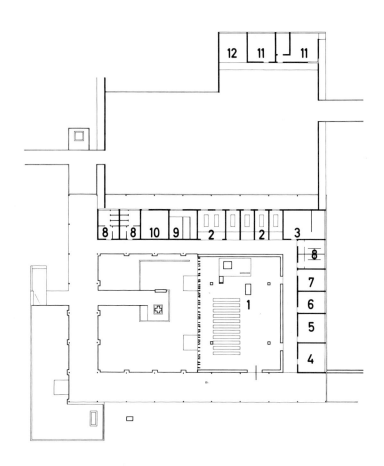

Schnitt
1 Aussegnungshalle
2 Wandelgang
3 Denkmal
4 Angehörige
5 Inneres Wasserbecken
6 Umgang
7 Wasserbecken

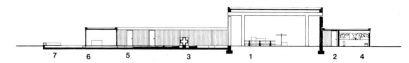

Mannheim, Hauptfriedhof

Architekten Wilhelm Schmucker, Dipl.-Ing. Karl Schmucker, Dipl.-Ing. Hans Scherrmann in Zusammenarbeit mit dem Städt. Hochbauamt Mannheim, Mitarbeiter Theo Nachtsheim, künstlerische Mitarbeit Theo Kerg, Architekten-Wettbewerb 1959, Planung 1961/64, Ausführung 1964/67.

Einzugsgebiet: die Innenstadt mit 150.000 Einwohnern, Größe des Hauptfriedhofs 34 ha, davon 40 % Belegungsfläche, 6 % bebaute Fläche.
Umbauter Raum: 12.360 cbm, bebaute Fläche: 1.515 qm.
Zentrale Lage inmitten der Gräberfelder an der Stelle eines Vorgängerbaus. Überdachter Vorplatz im Nordwesten, Feierhallen-Ausgang im Nordosten, da hier beste Verteilermöglichkeit zu den Gräberfeldern. Bei großen Feiern kann der niedrige Ausgangsraum als Hallenerweiterung benutzt werden, auch der überdachte Vorplatz des Eingangs steht zur Verfügung. Zugang für die Angehörigen durch einen Innenhof, der nordöstlich der Trauerhalle etwas zurückgesetzt ist. Der Weg zu den Besuchergängen vor den Aufbahrungskammern führt am Hallenwärter vorbei. Die 16 Aufbahrungskammern sind hinter der Trauerhalle in vier Reihen mit jeweils vier Kammern gruppiert. Die Besucher sind von den Zellen durch vom Boden bis zur Decke durchlaufende Scheiben getrennt. Auf eine natürliche Beleuchtung wird in diesem Bereich verzichtet. — Die Geistlichen und Sänger erreichen das Gebäude über den Betriebshof durch den nördlichen Eingang, das Personal über den südlichen Eingang, die Toten werden über den mittleren Eingang in das Gebäude gebracht. — Die Aufbahrungskammern werden über zwei Betriebsgänge erschlossen, der südwestliche Sarggang führt direkt in die Feierhalle. — Die Feierhalle überragt wesentlich die sie umgebenden flachen Bauglieder. Sie hat eine Empore mit Orgel und umfaßt 120 Sitzplätze und 400 Stehplätze. Hinzu kommen 100 Stehplätze in der seitlichen Erweiterung am Ausgang und 200 Stehplätze in der offenen Vorhalle. Die Beleuchtung der Halle erfolgt durch von Theo Kerg gestaltete Glasbetonwände. Die Trauerhalle ist unterkellert, hier befinden sich Kühlräume, Sezierraum, Sammelkeller, Sarglager, Maschinenräume etc.
Der Feierhallenbereich umfaßt mit Empore und Vorräumen 597 qm, der Trakt mit den Aufbahrungskammern 580 qm, davon entfallen auf die einzelne Zelle 8,5 qm.
Baumaterialien: Stahlbeton-Skelettkonstruktion, Decken als massive Platten ausgebildet. Außen Wärmedämmplatten, Natursteinverkleidung. Dachflächen zweischalig mit Ausnahme der Decke über der Trauerhalle. In der Trauerhalle Fußbodenheizung. Die Bodenbeläge in der Trauerhalle, den Besuchergängen und den Aufbahrungskammern sind aus Naturstein.

Grundriß Erdgeschoß
1 überdachter Vorplatz
2 Trauerhalle
3 Windfang
4 Flur
5 Zugang zu den Aufbahrungskammern
6 Telefon, WC etc.
7 Angehörige
8 Sanitätsraum
9 Wärter
10 Besuchergang
11 Bedienungsgang
12 Aufbahrungskammern
13 Träger
14 Putzraum
15 Geistliche
16 Organist
17 Waschraum für Sargwagen
18 Anlieferung
19 Rückkehr der Sargwagen
20 Betriebshof
21 Rampe zum Kellergeschoß
22 Ausgang zum Gräberfeld

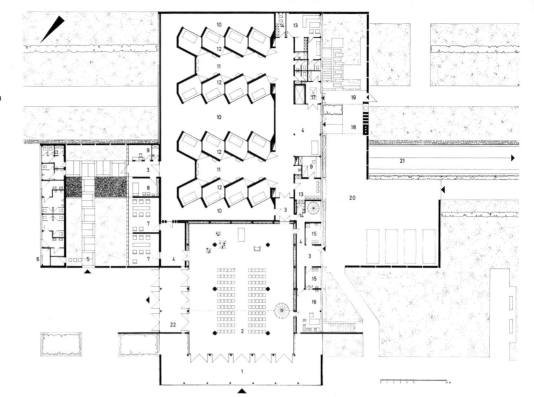

München, Waldfriedhof

Südansicht

Stadtbaudirektor Karl Delisle / Bauoberamtmann Erich Wirth, München, 1964/66.

Der auf 100 ha angewachsene Waldfriedhof wurde in den letzten zwei Jahrzehnten um 60 ha erweitert. Der Erweiterungsteil bekam eine neue Friedhofshalle; sie ist der zentrale Orientierungspunkt. Die Feierhalle ist ein strenger, nach außen völlig abgeschlossener Mauerwerksbau, nur das große Ostportal und ein kleineres Tor zur Leichenhalle durchbrechen die Geschlossenheit der Wand. Eine stark gegliederte Decke überdacht den Raum und greift wie ein Baldachin darüber hinaus. Schlanke Stützen an der Außenfront unterstreichen die Feierlichkeit. Durch ein umlaufendes Fensterband bekommt der Raum gedämpftes Licht. Der erhöht im Gelände stehende Baukörper spiegelt sich in einer Wasserfläche. Abgerückt von der Halle wurden in einem geschlossenen Geviert die Leichenhalle und die Räume der Verwaltung angeordnet. — Umbauter Raum der Aussegnungshalle ca. 5.000 cbm, umbauter Raum des Betriebsgebäudes: 9.236 cbm, Grundfläche des Publikumteils der Aussegnungshalle: 263 qm, Fassung: 250–300 Personen, Baumaterialien: Sichtmauerwerk, Beton in rauher Schalung, Bronze.

1 Feierhalle
2 Aufbahrung zur Aussegnung
3 Vorplatz
4 Brunnen
5 offener Verbindungsgang
6 Vorbereitungsraum für Trauerfeier
7 Durchgang
8 Angehörige
9 Trauergäste
10 Schaugang
11 Aufbahrung
12 Verwaltung
13 Kranzabgabe
14 Wirtschaftshof

Seite 105:
Westansicht (Rückfront)
links: Verbindungsgang (5)
rechts: Feierhalle

Hannover-Lahe

Architekten Dipl.-Ing. Peter und Ingrid Böhme, Hannover, Baudurchführung: Städt. Hochbauamt, 1962 Wettbewerb für den 88 ha umfassenden Bezirksfriedhof für etwa 200.000 Einwohner, 1. Preis und mit der Durchführung beauftragt: Garten- und Landschaftsarchitekt Ruprecht Dröge, Hannover, gemeinsam mit den o. g. Architekten. — 1967 Ausbau des Werkshofes mit der darin untergebrachten provisorischen Feierhalle. Mit dem Bau der endgültigen Feierhallen wurde 1970 begonnen, Fertigstellung 1973.

Über einen Besucherparkplatz für 420 Pkws im Endausbau wird man an Blumengeschäften vorbei zum Friedhof oder zum mauergefaßten Vorhof der Feierhallen geführt. Dieser Baukomplex umfaßt 3 Feierräume mit je 40, 70 und 180 Sitzplätzen sowie die Verwaltung und die erforderlichen Nebenräume. Zu jedem Feierraum gehören zwei Vorräume für die nächsten Angehörigen und das übrige Trauergefolge. Vor der Feier können die Angehörigen in Besichtigungszellen von den Verstorbenen Abschied nehmen, zwischen Sarg und Besucher ist hier eine durchgehende Glasscheibe. Der Sarg wird aus der Besichtigungszelle bzw. der Leichenhalle mit Fahrstuhl in die jeweilige Feierhalle transportiert. Der große und der kleine Feierraum haben eine Glasfront zu einem Ausgangshof, über den nach der Feier der Sarg zum Grab gebracht wird. Noch während der Feier können sich die Teilnehmer für die nächste Bestattung schon in den Vorräumen versammeln. Falls nach der Feier der Sarg in das noch später zu errichtende Krematorium oder in ein anderes Krematorium überführt werden soll, kann in einem angrenzenden Kondolenzraum den Hinterbliebenen das Beileid ausgesprochen werden. — Die Sarganlieferung erfolgt in einer Wirtschaftszone unterhalb des ebenerdigen Haupteingangs und in diesem Bereich werden auch Kränze, Gebinde usw. angeliefert. — Die neuen Leichenhallen bieten Platz für ca. 200 Särge bei einer Temperatur von + 2° Celsius, eine Tiefkühlzelle mit −20° Celsius für vier Särge. — Der Feierhallen- und Verwaltungstrakt ist ein Stahlbetonskelettbau mit Klinkermauerwerk ausgefacht. Die der Fensterfront abgekehrte Seite der Feierräume wird über ein Lichtband vom Dach her mit indirektem Licht versorgt. — Die Urnenübergabe erfolgt im engsten Kreis in einem kleinen Nebengebäude an der östlichen Seite des Ausgangshofes, das aus einem runden Urnenübergaberaum, einem Urnenaufbewahrungsraum und einem kleinen Aufenthaltsraum besteht.

Blick aus dem Gefolgeraum in die große Feierhalle

Grundriß und Schnitte
1 vier Blumenläden
2 öffentliche Toiletten
3 Pförtner
4 Kapellenwart
5 Rednerräume
6 Angehörigenräume
7 Gefolgeraum
8 mittlerer Feierraum, 70 Sitzplätze
9 Kondolenzraum
10 großer Feierraum, 200 Sitzplätze, 200 Stehplätze
11 Kranzaufbewahrungsraum
12 Hof zum Abtransport der Kränze
13 Trägerraum
14 Putzraum
15 kleiner Feierraum, 40 Sitzplätze
16 Gewächshaus (Kalthaus)
17 Personalräume
18 Warteraum — Besichtigungsräume
19 Verwaltung
20 Publikum
21 Eingang zur Verwaltung
22 Compactus-Anlage (Aktenraum)
23 Urnenübergabebau
24 Kranzwagenraum
25 Technische Räume
26 Gang zum Kranzwagenraum
27 Leichenhalle
28 Gang zu den Leichenhallen

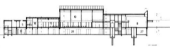

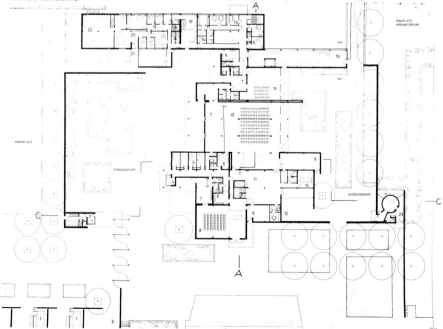

Friedhofseingang ▲

Raum-Verbindungs-Schema des Hauptgebäudes

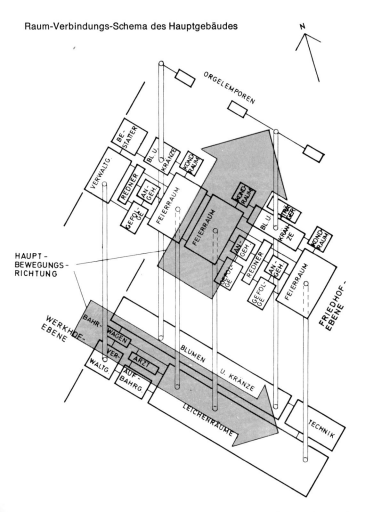

Lageplan 1 Pförtner 2 Blumenläden und öffentliche Toiletten 3 mittlerer Feierraum 4 großer Feierraum 5 kleiner Feierraum 6 Verwaltung 7 Urnenübergabebau 8 Werkhofpförtner 9 Heizhaus 10 Werkhof für die Beerdigungsabteilung 11 Werkhof für die Grünpflegeabteilung 12 Sozialgebäude und Werkstätten 13 Trafo 14 Betriebswohnungen 15 Steinmetzbetriebe (Läden, Werkstätten, Wohnhäuser) 16 Gärtnereibetriebe (Arbeitsräume, Garagen, Wohnungen) 17 Tankstelle

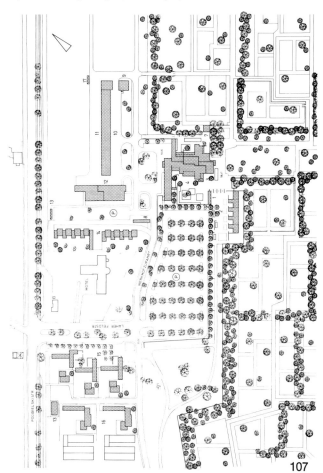

AUSLÄNDISCHE BEISPIELE

Grundriß
1 Wartehalle
2 Büro
3 Besuchergang
4 Besucherkabinen
5 Aufbahrungskammern
6 Arbeitsvorraum
7 Wirtschaftshof. Im Keller u. a. Heiz- und Klimaanlage

Binningen (Schweiz)

Architekten Suter + Suter, Basel, in Verbindung mit Erweiterung des Friedhofes St. Margarethen durch Dr. Johannes Schweizer, Basel, 1963/64; 12.760 qm Friedhofsfläche für 15.450 Einwohner.

Der niedrige Kubus des Gebäudes dient allein der Aufbahrung. Aussegnung wird nicht vorgenommen, da protestantische und katholische Kirche sich in der Nähe befinden. Das Gebäude wurde im oberen Teil des fallenden Friedhofsgeländes angeordnet, so ist bequemer Zugang für die Besucher gewährleistet. — Umbauter Raum: 1.450 cbm, überbaute Fläche insgesamt 871 qm, davon überdeckte Wartehalle (ohne Vorplatz) 125 qm, Besuchergang 58 qm, 3 Aufbahrungskammern à 9 qm, eine 17,5 qm und 3 verglaste Besucherkabinen à 3,7 qm. — Baumaterialien: Decken, Wände und Stützen in Beton, weiß gestrichen. Mauerwerk verputzt und graubraun gestrichen, schmale Vertikalfenster in Naturholz, Kiesklebedach mit Oberlichtern über den Aufbahrungszellen. Pflasterung in der offenen Wartehalle und auf dem Vorplatz gegen den Friedhof.

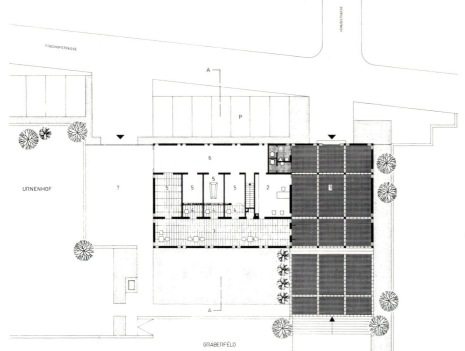

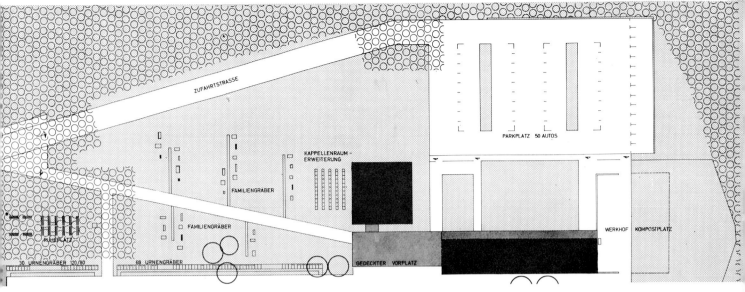

Pratteln (Schweiz)

Architekten W. Wurster + H. Huggel, Basel, Friedhofsplanung: E. Cramer, Zürich, Wettbewerb 1959, Ausführung 1961/62.

Friedhof 3,38 ha. Klare Linienführung bestimmte Friedhofsplanung und Bauwerk. Gedeckte Vorhalle zwischen Feierhalle und Nebengebäude mit Dienst- und Aufbahrungsräumen und Garagen für Leichenwagen. An der Ostseite des Nebengebäudes soll zu einem späteren Zeitpunkt ein Krematorium angeschlossen werden. Dominierend die Feierhalle mit 190 festen Sitzplätzen und Erweiterungsmöglichkeit durch Stapelstühle.

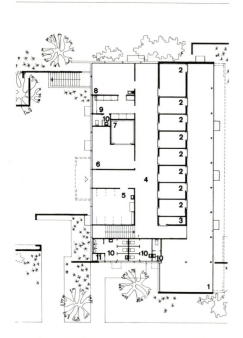
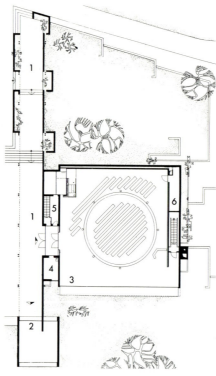

Zürich-Seebach, Friedhof Schwandenholz

Architekt Werner Stücheli, Zürich, in Zusammenarbeit mit dem Städt. Garten- und Hochbauamt, Planungs- und Bauzeit: 1962/66.

Der bestehende Friedhof mit 12.000 qm wurde auf 110.000 qm erweitert für das Einzugsgebiet zweier Stadtteile mit ca. 61.000 Einwohnern. Die Gebäudegruppe am Haupteingang besteht aus Verwalterwohnhaus, Aufbahrungshaus in der Mitte (s. Grundriß links) und Gärtnerdienstgebäude.
Die Feierhalle wurde an dominierender Stelle errichtet. Bild oben: Blick auf Feierhalle mit Aufgang und Vorplatz.

Grundriß des Aufbahrungshauses (links)
1 Wartehalle 2 Aufbahrungsräume 3 Ventilation 4 Dienstkorridor 5 Kränze 6 Särge
7 Kühlkammer 8 Waschraum 9 Vorraum
10 WC 11 Telefon

Feierhallengrundriß (rechts)
1 Gedeckte Vorhalle 2 Warteraum 3 Feierhalle 4 Wärterzimmer 5 Garderobe für Sänger und Musiker 6 Stuhlmagazin
(Einschl. Notbestuhlung Platz für 320 Personen. Eine durchgehende Glaswand im Nordwesten gibt den Blick auf das leicht ansteigende Gelände und einen ruhigen Waldhorizont frei.)

Utrecht (Holland), Friedhof Daelwijck

Architekt H. Dam, Abteilung für Neubauten und Denkmäler der Gemeinde Utrecht, 1969/70.

Friedhofsfläche 7,2 ha, davon 16,2 % Belegungsfläche. Utrecht mit 275.000 Einwohnern verfügt über insgesamt 40 ha Friedhofsfläche. Die Hinterbliebenen erreichen die Feierhalle über Vor- und Warteraum, die übrigen Personen warten unter dem Wetterdach vor der Halle. Der Sarg wird erst unmittelbar vor der Feier zum Friedhof und durch den Nordosteingang in die Halle gebracht, zunächst aber durch einen Vorhang unterhalb des großen Farbfensters verdeckt; bei Beginn der Feier wird der Vorhang zurückgeschoben. — Nach der Beerdigung verlassen die Teilnehmer den Friedhof an der Südwestseite des Gebäudekomplexes, wo auch der in Holland übliche Raum für die Beileidsbezeugung mit anschließender Küche für eine Kaffee- oder Sandwichbewirtung der Beerdigungsteilnehmer liegt.

Baumaterialien: Betonziegel (Splittblöcke), Holz, Dachdeckung aus Kupfer.

Grundriß und Schnitte
1 Feierhalle
2 Eingänge
3 Warteraum
4 Diensträume
5 Träger
6 Vorraum für Personal und Anlieferung des Sarges
7 Kondolenzraum
8 Küche

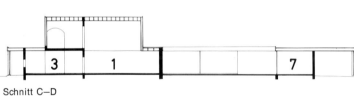

Schnitt C–D

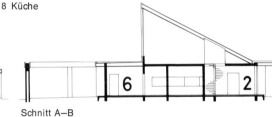

Schnitt A–B

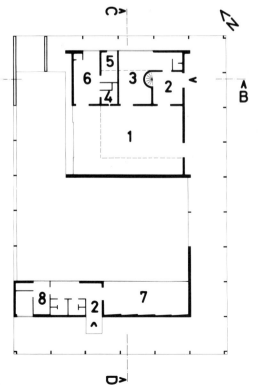

KREMATORIEN

Bremen-Walle

Architekten Prof. Dr.-Ing. Otto Bartning und Dipl.-Ing. Otto Dörzbach, Heidelberg, 1957.

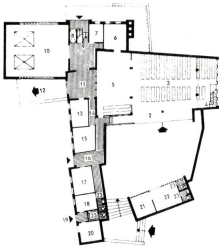

Grundriß
1 Haupteingang
2 Vorhalle
3 großer Feierraum
4 Treppe zur Empore
5 kleiner Feierraum
6 Blumen und Kränze
7 Büro
8 Sargaufzug
9 Treppenhaus
10 Verbrennungsraum
11 Vorraum
12 Rampe zur Erdbestattung
13 Aufbahrungsgeräte
14 Verbindungsgang
15 Träger
16 Zugang für Angehörige
17 Angehörige
18 Pfarrer
19 Personaleingang
20 Putzraum
21 Urnenkapelle
22 Warteraum
23 WC

Ihre Absicht faßten die Architekten zusammen: Für die Begegnung des Menschen mit dem Tode sollte eine würdige Stätte geschaffen werden, die nicht in Düsternis sich verschließt, sondern den Weg ins Licht zeigt. Das beginnt mit einem stillen Zugang unter großen Bäumen bis zur Treppe, die in zweifacher Wendung den Zutritt zum großen Vorhof erschließt. Dieser Vorhof mit seiner offenen Halle soll auch außerhalb der Bestattungsfeiern den Friedhofsbesuchern ein Ort ruhiger Besinnung sein. Vom Vorhof betritt man die Feierhalle, einen Durchgangsraum. Das Fenster über dem Katafalk ist ein Werk von Prof. August Welp, Bremen, und stellt die Flamme und das Licht dar. Nach der Feier öffnet sich das Bronzetor hinter dem Katafalk. Der Sarg wird vor den Augen der Versammlung hinausgetragen und entweder geradeaus ins Freie zur Erdbestattung oder mit einer Wendung zur Verbrennungsanlage geleitet.

Oldenburg i. O.

Krematorium Oldenburg-Bümerstede. Architekten (nach Wettbewerb) Dipl.-Ing. Hans Latta, Dipl.-Ing. H.-J. Hölcher, Oldenburg, 1960/61.

Der auf 8 ha ausgebaute und auf 18 ha zu erweiternde Friedhof hat ca. 30 % Belegungsfläche für einen Einzugsbereich von 43.000 Einwohnern. Aussegnungshalle und Krematorium umfassen 4.285 cbm umbauten Raum, 1.080 qm Fläche. In das Raumprogramm sind einbezogen die bei Erd- und Feuerbestattung benutzte Feierhalle mit 200 Sitz- und 100 Stehplätzen, 5 Aufbahrungskammern, Kühlzelle, Sezierraum, Raum für Urnenübergabe, Aufenthaltsräume für Träger und Angehörige. Baumaterialien: Beton, Glas, Holzpflasterfußboden. Die in 3 Trakte gegliederte Anlage liegt am Friedhofseingang. Am Haupteingang zum Feierraum liegen der Aufgang zur Empore und ein Garderobenraum. An der Aufbahrungsseite der Halle sind zwei einander gegenüberliegende Ausgänge jeweils für Erdbestattung und Feuerbestattung. Der Besuchergang vor den Aufbahrungskammern, Angehörigen- und Urnenübergaberaum gruppieren sich um einen Innenhof. — Der neben dem abgesetzten Krematorium an der Nordseite liegende und von der übrigen Anlage abgeschirmte Betriebshof hat eigenen Zugang von der Straße.

Lageplan
1 Feierhalle
2 Urnengräber
3 Gräberfeld
4 Erweiterung
5 Betriebshof
6 Betriebszufahrt

Grundriß
1 Feierhalle
2 Garderobe
3 Geräte
4 Redner
5 Betriebsgang
6 Abstellraum
7 Aufenthaltsraum
8 Leichenzellen
9 Verbrennungsraum
10 Angehörigenraum
11 Urnenübergabe
12 Innenhof
13 Betriebshof
14 Büro
15 Blumenladen
16 Dienstwohnung

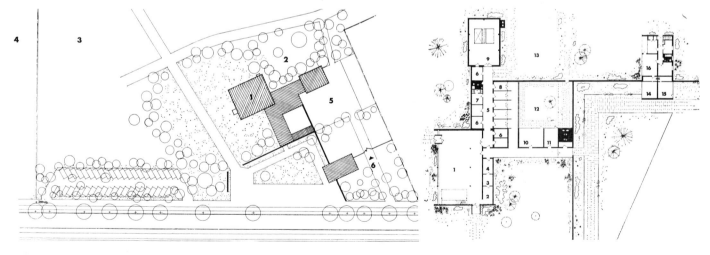

Bremen-Huckelriede, Friedhofshalle und Krematorium

Dipl.-Ing. Gerhard Müller-Menckens, Bremen, 1965/68, in enger Zusammenarbeit mit dem Gartenbauamt der Hansestadt, Gartenbaudirektor Ahlers.

Bezirksfriedhof etwa 26 ha, Einzugsgebiet: linkes Weserufer der Hansestadt mit etwa 100.000 Einwohnern, angestrebte Belegungsdichte ca. 33 %. Der Friedhof ist Bestandteil eines Grün- und Erholungsgebiets im Südteil der Stadt und mit Boden aus der naheliegenden Flutrinne auf Schutzdeichhöhe gebracht worden. Wegen des starken Windes bekam er einen etwa 90 m breiten Pflanzgürtel, der später hainartige Bestattungsflächen aufnehmen kann. Die Feierhalle liegt zentral auf einer ummauerten und umpflanzten Warft. Räumlich getrennt von ihr befinden sich Krematorium, Leichenzellen, Betriebsräume und Wirtschaftshof. In den Bauten des Eingangsbereichs ist Platz für vier Friedhofsgärtner, drei Steinmetze und für das Friedhofsbüro.

Durch das »Stille Feld« mit menhirartigen Steinen von Bildhauer Halbhuber, Bremen, wird die außen und innen strenge Feierhalle als Mittelpunkt eines sepulkralen Bezirks isoliert. Der eigentliche Feierraum umfaßt 288 qm mit 200 Sitzplätzen. Der Sarg steht während der Feier vor der von Bildhauer Klaus Luckey, Hamburg, gestalteten Messingtür mit dem Motiv einer Spirale, Ursymbol des Unendlichen. Durch diese Pforte verlassen Sarg und Trauergefolge die Halle bei Erdbestattung. Auch bei anschließender Einäscherung wird der Sarg durch diese sich öffnende und dann wieder schließende Pforte hinausgetragen zum betriebsinternen Fahrstuhlraum. Der Fahrstuhl befördert den Sarg ein Geschoß tiefer in den unterirdischen Verbindungsgang zum Krematorium, das teilweise zweigeschossig ist, aber so tief liegt, daß auch der Zulieferhof im Gelände unsichtbar ist. Die unterirdischen Betriebsräume des Krematoriums sind von oben voll überwachsen.

Lageplan ▶
1 Haupteingang mit Parkplätzen
2 Gärtner, Steinmetzen, Verwaltung
3 Eingangsbau zum »Stillen Feld« mit Urnenübergaberaum
4 »Stilles Feld«
5 Feierhalle
6 Hof, darunter Sargkeller
7 Krematorium mit tiefliegendem Wirtschaftshof

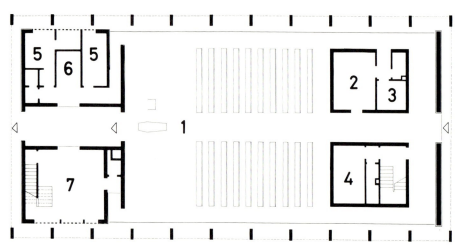

Grundriß und Schnitt
1 Feierhalle, 288 qm
2 Raum für Angehörige, 14 qm
3 Raum für Geistliche, 5 qm
4 Aufenthaltsraum, 10,5 qm
5 Verwaltung und Personal, 7,5 und 8,5 qm
6 Sargaufzug
7 Kranzraum, 24 qm
8 Empore

Eingangsbereich: Gärtner, Steinmetzen, Verwaltung ▶
Rechts außen: Feierhalle, Ausgang ▶

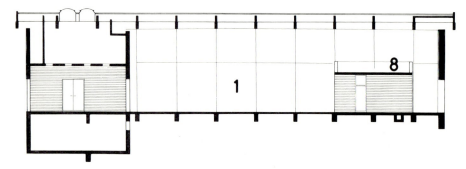

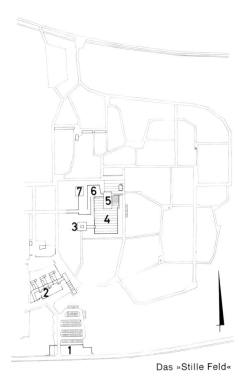

Das »Stille Feld«

115

Witten/Ruhr, Hauptfriedhof

Architekten Dipl.-Ing. H. Kalenborn, J. Haider, Düsseldorf, 1962/65.

Gesamtgröße des nach einem Wettbewerb von den Landschaftsarchitekten Penker, Neuß, seit 1960 angelegten Friedhofs beträgt ca. 22.120 ha, im 1. Bauabschnitt ca. 11.773 ha mit 33 % Belegungsfläche für ein Einzugsgebiet mit etwa 119.000 Einwohnern. Das Krematorium hat zwei Feierräume, einen großen Feierraum mit 1.568 cbm umbautem Raum und 239 qm Fläche für ca. 250 Personen (Sitz- und Stehplätze) und einen kleinen Feierraum mit 596 cbm umbautem Raum und 106 qm Fläche für ca. 75 Personen (Sitz- und Stehplätze); der Blick geht aus den Feierhallen durch eine Glaswand auf den begrünten Friedhof. Das Krematorium verfügt über 10 Totenkammern.

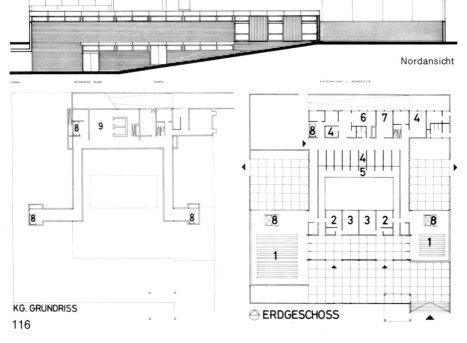

Nordansicht

Grundriß Erdgeschoß und Kellergeschoß
1 Feierhallen
2 Pfarrer
3 Angehörige
4 Aufbahrung und Kühlzellen
5 Besuchergang
6 Sezierraum
7 Urnen
8 Aufzüge
9 Verbrennungsanlage

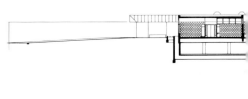

KG. GRUNDRISS

ERDGESCHOSS

Berlin, Krematorium Ruhleben

Architekten Jan und Rolf Rave, Berlin, Mitarbeiter Hans-Joachim Knöfel, Dieter Meisl, Johann-Heinrich Olbrisch, Kristin Ammann. 1. Preis im bundesoffenen Wettbewerb 1962/63, Vorentwurf 1965, Entwurf 1969, Baubeginn 1972, Fertigstellung vermutlich Frühjahr 1974.

Einzugsgebiet für dieses 3. Berliner Krematorium sind die westlichen Bezirke Charlottenburg und Spandau mit ca. 600.000 Einwohnern. Umbauter Raum 32.808 cbm, Nutz- und Nebenflächen 6.804 qm. Große Feierhalle 138 Sitzplätze, kleine Feierhalle 50 Sitzplätze, Leichenkeller ca. 500 Abstellplätze, 4 Kremationsöfen. Kellergeschoße in Stahlbetonskelettbau, Hauptgeschoß Mauerwerk aus Betonhohlsteinen verfugt, weder außen noch innen verputzt oder gestrichen, Attiken und Dächer mit Kupferblech verkleidet. — Angestrebt wurden Identität von Form und Aufgabe. Das stille Abschiednehmen vom Toten wurde mit den drei Aufbahrungsräumen in den Mittelpunkt der Anlage gerückt. Die Feierhallen werden für Erd- und Feuerbestattungen benutzt. Nach einer Feier vor der Feuerbestattung wird der Katafalk durch eine Schleuse aus der Feierhalle hinausgeschoben. Die Feierteilnehmer verlassen das Krematorium durch die Kondolenzhöfe. Funktionelle Gliederung der Anlage, deren 3 Baukörper durch die Hallendächer akzentuiert werden. Das mittlere Hallendach über der Kremations- und Rauchfilteranlage enthält die Schornsteine.

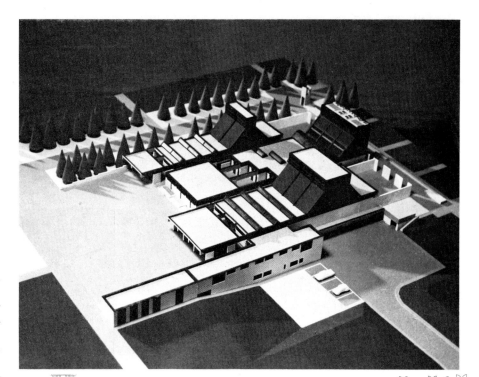

Modellaufnahme

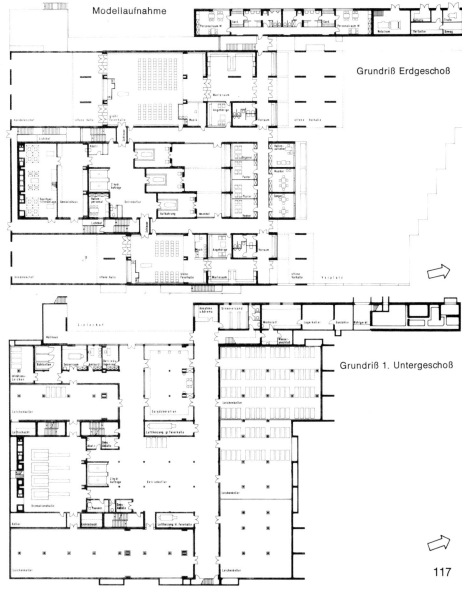

Grundriß Erdgeschoß

Grundriß 1. Untergeschoß

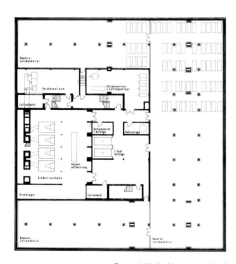

Grundriß 2. Untergeschoß

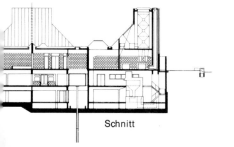

Schnitt

Leinfelden

Architekt Dpil.-Ing. Hans Lünz, Stuttgart und Rottweil, Wettbewerbsentwurf 1968.

Ziel des Entwurfes für ein Einzugsgebiet von 20 000 Einwohnern war es, aus der Situation den Nordhang mit einem Gegengewicht aufzufangen und die Anlage gegen die Straße abzuschirmen. Gleichzeitig sollte durch den angeschütteten, überlappenden Hügel die Gebäudegruppe in die Natur eingebunden und damit zugleich jeder mißverstandene Zusammenhang mit dem Kirchenbau negiert werden. Durch das Überziehen der Aufbahrungskammern mit dem Erdwall hätte auf Kühlaggregate verzichtet werden können. Der Standort wurde dort gewählt, wo nach dem geologischen Gutachten Erdbestattungen nicht möglich sind. Das Preisgericht erkannte das Einfügen in den großen Landschaftsraum an, wodurch die Landschaft ungestört bleiben kann, und die klaren unsentimentalen Mittel einer neuen, mit der Landschaft verbundenen Form. — Umbauter Raum 4.400 cbm. Feierhalle 250 qm mit 120 Sitzplätzen, 5 Aufbahrungskammern je 14 qm, übriges Raumprogramm siehe Grundriß, Krematorium im technisch notwendigen Zusammenhang mit der Feierhalle. — Modellaufnahmen des nicht ausgeführten Projekts.

Leinfelden

Architekten Prof. Dipl.-Ing. Max Bächer, Harry G. H. Lie, Landschaftsarchitekt Hans Luz, Stuttgart. Wettbewerb 1968, Bauzeit 1971/73.

Gesamtfriedhofsfläche: 52.500 qm, 1. und 2. Bauabschnitt 19.000 qm + 1.400 qm Gebäudefläche. Gesamtbauvolumen der Friedhofsgebäude: 4.979 cbm. Planungsidee für den neuen Friedhof war ein Bekennen zur Landschaft und das Übersetzen ihrer bestimmenden Merkmale. In diesem, die Landschaft betonenden Friedhof markieren fünf aufragende Architekturelemente vor der Waldsilhouette den zentralen Versammlungsbereich auf der Kuppe eines Hügels. Die Totenzellen sind in den Hang eingegraben und werden von Grasflächen überdeckt. Mit diesen Aufbahrungskammern wurde die Idee vom »Haus« des Toten wieder aufgenommen. Kein Schaugang, die Aufbahrungsräume sind begehbar, der Katafalk ist um einige Stufen vertieft aufgestellt und erlaubt einen Blick auf den Toten. — Die Feierhalle faßt ca. 120 Sitzplätze. Sie kann mit einer Vorhalle verbunden und zu dem vorgelagerten Freiraum geöffnet werden, so daß sie unterschiedlichen Platzbedürfnissen gerecht wird. Die lose Bestuhlung erlaubt verschiedene Anordnungen. Der Halle schließt sich ein halboffener Musikraum mit Orgel und Einrichtungen zur Wiedergabe von Musik an. Zwei farbig hervorgehobene Tore führen aus der Halle hinaus auf den Friedhof bzw. zum ebenerdig angeschlossenen Krematorium, die Angehörigen können so dem Sarg bis zur Stelle der Verbrennung folgen. Die »Publikumsbeteiligung« an der Verbrennung ist von der Bevölkerung mit großem Interesse angenommen worden. Der Ofen wurde farbig angemalt, auch das wurde vom Publikum so positiv aufgenommen, daß die Architekten befürchten, schon in diesem ersten Versuch Kremationshalle und Rundweg flächenmäßig nicht groß genug angelegt zu haben. — Großer Wert wurde auch auf Anordnung und Einrichtung der Sozialräume für das Personal gelegt. — Beton in seiner monolithischen Struktur ist das vorherrschende Material.

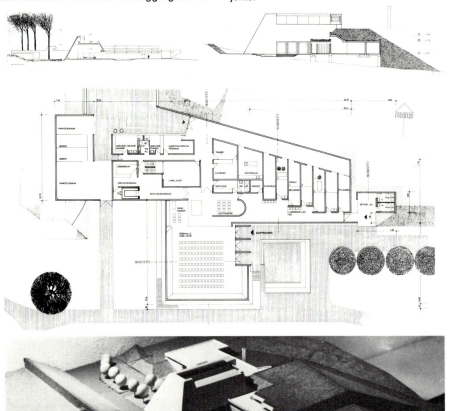

Glockenträger

Bemalte Front des Kremationsofens ▶

Blick von Norden auf die Aufbahrungskammern
Friedhofseingang

Nord-Ost-Ansicht; Blick auf Eingang zur Feierhalle

Grundriß Erdgeschoß
1 Vorhalle   2 Aussegnungshalle   3 Chor   4 Krematorium   5 Angehörige   6 Kühlzelle   7 Wirtschaftshof   8 Sarglager   9 Fahrzeuge   10 Bagger
11 Aufenthaltsraum   12 Trägergang   13 Aufbahrung   14 Obduktion   15 Besuchergang   16 Urnen
17 Technik   18 Tank

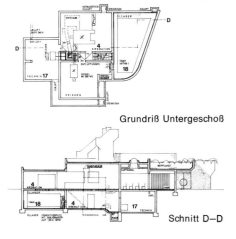

Grundriß Untergeschoß

Schnitt D–D

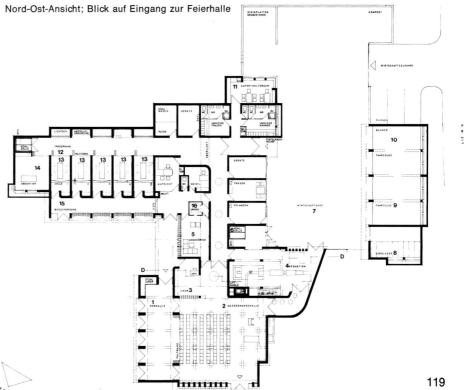

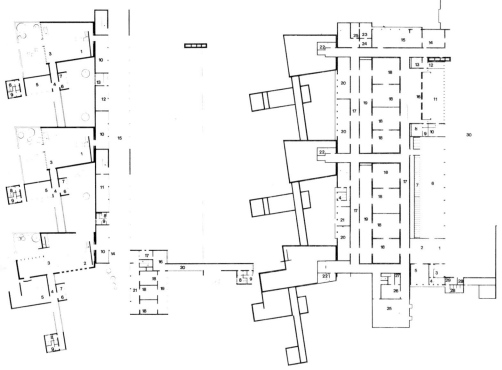

Hamburg-Öjendorf

Planung und Ausführung: Baubehörde Hamburg-Hochbauamt — 1. Baudirektor Prof. Hans-Dietrich Gropp, Frau Dipl.-Ing. Ursula Kresse, Planung 1959, Bauzeit 1960/66.

Einzugsgebiet 1,8 Mio. Einwohner, Gesamtgröße des Friedhofs 94 ha, z. Z. 44 ha hergerichtet, Erweiterung auf 190 ha vorgesehen, Belegungsflächen 72 %. Das Krematorium mit den Feierhallen bildet den architektonischen Schwerpunkt der Gesamtanlage im Mittelpunkt des Friedhofs nicht nur als Folge betrieblicher Forderungen, sondern zugleich als Ergebnis gestalterischer Überlegungen. Die Feierhallen liegen an einem zentralen Platz, der nur Fußgängern vorbehalten ist. Seine Konturen gehen in das Grün der anschließenden Gräberfelder über. Reliefartig ist den Feierhallen ein Gefüge von Außen- und Innenräumen vorgelagert, deren Zuordnung und Abmessung von dem Ablauf der Feier bestimmt wird. Die Feierräume weichen in Größe und Gestaltung voneinander ab. Mit Rücksicht auf die Erweiterungsmöglichkeiten für eine vierte Halle am Nordende der Bauanlage wurden die Abschiedsräume an die Südfronten des Krematoriums gelegt. — Die schlichten Formen der äußeren Gestalt setzen sich im Innern fort, auch der rote Handstrichziegel des Mauerwerks kehrt hier wieder. Für eine Steigerung der inneren Stirnwände wurden Verblendungen mit Granit, für den Fußboden dunkle Schieferplatten und für die Decken Zedernholz gewählt. Die Lichtführung für die beiden Feierhallentypen ist unter-

Grundriß Erdgeschoß
1 Feierräume mit 135 Plätzen 2 Feierraum mit 160 Plätzen 3 Orgel- und Sängeremporen 4 Vorräume 5 Warteräume für Trauergäste 6 Geistliche bzw. Redner 7 Warteräume für Angehörige 8/9 Toiletten 10 Kränze und Dekorationen 11 Aufenthaltsraum für Bedienstete 12 Aufenthaltsraum für Beerdigungsunternehmer 13 Aufenthaltsraum für Musiker 14 Pförtner 15 überdeckte Anfahrt für Anlieferung 16 Warteraum 17 Büro 18 Abschiedsräume 19 Vorhalle 20 Gang 21 Arbeitsgang

Grundriß Untergeschoß
1 Windfang 2 Einsargung 3 Aufenthaltsraum 4 Toiletten 5 Sarglager 6 Amtsärztliche Untersuchung 7 Kühlzellen 8 Maschinenraum 9 Ventilatorenraum 10 Verbrennungsnebenraum 11 Verbrennungsraum 12 Urnenausgabe 13 Urnen 14 Heizraum 15 Maschinenraum 16 Verbrennungsraum 17 Gang 18 Kühlräume 19 Dekoration 20 Kranzlager 21 Umkleideraum 22 Maschinenräume 23 Geräteraum 24 Schrankraum 25 Lagerkeller 26/27 Maschinenraum 28 Trafo 29 Schaltraum 30 Hof

schiedlich, die kleinen Hallen erhalten von rückwärts gedämpftes Tageslicht, die große Halle wird in der Aufbahrungszone von Seitenfenstern belichtet. Im rückwärtigen Teil der Feierräume sind Orgelemporen mit Raum für Musiker und Sänger. Blickpunkt jeder Feierhalle ist der Katafalk, dessen Lage und Durchbildung von der räumlichen Organisation des betrieblichen Bereichs, der im wesentlichen auf einer Ebene unter den Feierhallen angelegt ist, bestimmt wird. — Die Zufahrten zum Krematorium liegen abgeschirmt an einem rückwärtigen und um Geschoßhöhe abgesenkten Betriebshof.

Die große Feierhalle umfaßt 1.937 cbm Raum bei 352 qm Fläche mit 240 Sitzplätzen auf Bänken und Stühlen nach Bedarf. Die beiden kleineren Feierhallen mit 1.720 cbm umbautem Raum und 269 qm Fläche haben 160 Sitzplätze auf Bänken und Stühlen nach Bedarf.

Vier Leichenhallen à 77 qm und vier à 85 qm, Aufbahrungsmöglichkeiten in drei Räumen mit je 31 qm.

Baumaterialien: Außen holländische Handstrichziegel in Verbindung mit Sichtbeton, innen Naturstein, Klinker, Wandputz, sonst Kalksandsteinmauerwerk, Stahlbeton.

Die Abstände der vier gasbeheizten Öfen untereinander sind so bemessen, daß Unterhaltungsarbeiten an den einzelnen Öfen ohne allgemeine Betriebsunterbrechung durchgeführt werden können. Die Sargeinführung wird von einem Steuerpult (1) automatisch geregelt. Hinter den Öfen liegt der eigentliche Bedienungsraum mit den Gaszuführungen über Spezialregler (2) zu den Gasbrennern, den Steuerungsanlagen für die Verbrennungszuluft (3) und die Einrichtungen für die Aschenentnahme (4). Die Luftzuführung für den Verbrennungsvorgang ermöglicht bei geringem Energieverbrauch eine rauchfreie Verbrennung, deren Abgase durch die eingefügte Beruhigungskammer (5) von Ruß und Staub befreit werden.

Rechts oben: Die Gruppe der Feierräume am Zentralplatz
Rechts unten: Große Feierhalle

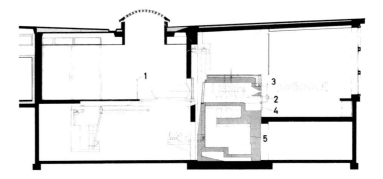

Schnitt durch Einäscherungsanlage
1 Steuerpult
2 Spezialregler für Gaszuführung
3 Steuerungsanlagen für Verbrennungszuluft
4 Aschenentnahme

Baden (Schweiz), Friedhof Liebenfels

Krematorium: Dipl.-Architekten Edi und Ruth Lanners, Zürich, 1. Preis im Wettbewerb 1955, Bauzeit: 1955/57.

Einzugsgebiet 17.000 Einwohner, Friedhofsfläche 59.700 qm. Umbauter Raum insgesamt 4.500 cbm, davon 2.950 cbm für Feierhalle, 1.550 cbm für Krematorium, 6 gekühlte Aufbahrungskammern. — Das den Akzent setzende Dach über der Feierhalle neigt sich mit dem waldumgebenen Hanggelände des Friedhofs. Der Hof umgreift armartig den Feierraum, der seitlich zum optischen Kontakt mit dem Außenraum verglast ist, jedoch normalerweise im unteren Teil mit einem Vorhang abgeschirmt wird. Bei großer Teilnehmerzahl wird dieser beiseite geschoben, damit die Seitenschiffe, sonst Wartegänge, zur natürlichen, ebenfalls durch Dach und Mauer vor Witterung und Einsicht geschützten Erweiterung der Feierhalle werden. Die Feierhalle hat ca. 220 Sitzplätze, die durch die 180 Stehplätze in den Seitengängen erweitert werden können. — Die schnelle, den Augen entzogene interne Verbindung zwischen Krematorium und Feierhalle wird durch einen unterirdischen Gang gewährleistet, wo ein mit Hebebühne versehenes Fahrzeug den Sargtransport übernimmt. — Baumaterialien: Wände aus Beton, außen Bruchsteinmauerwerk aus Sandstein, innen Sandstein gesägt; Böden außen Kopfsteinpflaster, innen roter Mainer-Sandstein; Trennwände, Verkleidungen, Dachuntersicht aus Holz (Tanne und Eiche); Dach aus Kupfer, Konstruktion Vorspannbinder; alle Naturmaterialien wurden in ihrer Eigenart ohne Anwendung irgendwelcher Farbe belassen.

Grundriß und Schnitt
1 Krematorium
2 Blumen
3 Garderobe
4, 5, 6 Garagen
7 Kühlzellen
8 Hof
9 Feierhalle
10 Orgel
11 Büro
12 Warteraum
13 unterirdischer Verbindungsgang
14 Urnenhalle
15 Heizzentrale
16 hydraulischer Katafalkwagen
17 Klimaanlage
18 Lüftkühlung

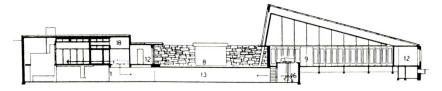

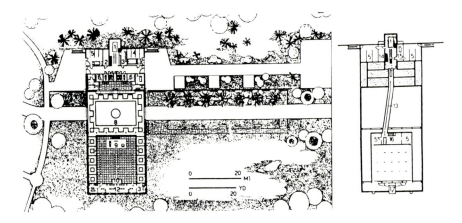

Zürich (Schweiz), Friedhof Nordheim

Architekt des Krematoriums Prof. A. H. Steiner, Zürich, in Verbindung mit dem Hochbauamt und dem Gartenbauamt der Stadt, 1962/67.

Der ausschließliche Urnenfriedhof umfaßt 43.000 qm, von denen 12.000 qm Belegungsfläche für 1.500 Reihen- und 300 Familien-Urnengräber verbleiben. Eine einstöckige Urnennischenanlage, südöstlich der Feierhalle, wird später dazu beitragen, den Trakt der Halle kubisch in das Gelände einzubinden. — Das Krematorium wird von zwei getrennten Zufahrten für Leidtragende und Friedhofsbesucher und für Dienstfahrzeuge erschlossen; eine befahrbare Unterführung unter einer Verkehrsstraße verbindet den Urnenfriedhof mit dem bestehenden Friedhof Nordheim. — Der Besucher betritt die Anlage über einen allseitig umschlossenen Versammlungshof, von dem aus die beiden Feierhallen, die Verwaltungs- und Aufenthaltsräume zu erreichen sind. Die große Feierhalle umfaßt 360 + 60 Emporenplätze = 420 Plätze, die kleine Feierhalle 120 + 30 Emporenplätze = 150 Plätze, zusätzlich Notbestuhlung. Gemeinsame Benutzung beider Hallen und des Versammlungshofs durch Lautsprecheranlage ist möglich. Hallen und Versammlungshof außen und innen in Fränkischem Muschelkalk. Weitere Materialien: Holz, Kupfer, Beton. Blickfang der großen Feierhalle ist ein Wandteppich 6 auf 11 m. — Das erste Untergeschoß bildet die eigentliche Verkehrs- und Arbeitsfläche. Die

Kremationsanlage erhält Tageslicht durch Oberlichtkuppeln, sie besteht aus drei Verbrennungseinheiten; die Aschenentnahme erfolgt im zweiten Untergeschoß. Der Hochkamin wurde in den anschließenden Wald gestellt.

Grundriß
1 große Feierhalle   8 Pfarrer
2 kleine Feierhalle   9 Gartenhof
3 Versammlungshof   10 Aufenthalt
4 Blumen   11 Diensthof
5 Verbrennung   12 Kamin
6 Büro   13 Hochkreuz
7 Warteräume   14 Wasserbecken

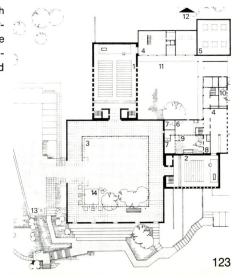

Harlow/Essex (England), Parndon Wood Krematorium

Architekt T. Hinchliffe, Harlow/Essex, 1960 bis 1961.

Einzugsgebiet 150.000 Einwohner, das Gesamtareal des Krematoriums beträgt ca. 25 ha. Etwa 2.662 cbm umbauter Raum, die Feierhalle mit 140 qm umfaßt 90 Sitzplätze. — Auch hier ist die gesamte Krematoriumsanlage in einen ausgedehnten Landschaftspark einbezogen. Die Außenwände der Feierhalle und der Gedächtniskapelle bestehen aus Betonplatten, die übrigen Außenwände sind mit handgestrichenen Ziegeln verkleidet. Vom Haupteingang führt der Weg zur großen Feierhalle durch eine kleine Vorkapelle. Ihr Hauptmerkmal ist ein farbiges Glasdach. Die Feierhalle erhält natürliches Licht durch Fenster. In der unteren Hälfte sind die Wände mit Schiefer verkleidet. Der Vorhang vor der Aufbahrungszone bildet ein Gegengewicht zur Schieferverkleidung der Wände und der rustikalen Einrichtung. Der Musikraum hinter der Kapelle enthält Plattenspieler und Tonbandgeräte. Nach der Feier schließt sich der Vorhang und der Sarg wird innerhalb des Katafalks versenkt und in den dahinter liegenden Krematoriumsvorraum transportiert. Der seitliche Ausgang der Halle führt in den Kranzhof mit Wasserbecken und der Gedächtniskapelle mit dem Erinnerungsbuch.

Grundriß
1 Vorhalle
2 Feierhalle
3 Pfarrer/Redner
4 Übergaberaum/Vorraum des Krematoriums
5 Krematorium
6 Personal
7 Zwischenaufbahrung
8 Warteraum
9 Krematoriumsverwalter
10 WC
11 Gedächtniskapelle
12 Wirtschaftshof

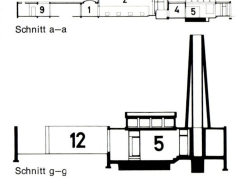

Schnitt a–a

Schnitt g–g

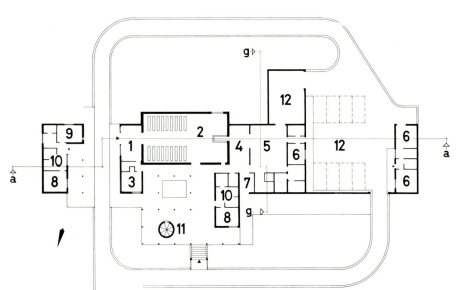

Worthing/Sussex (England)

Design Team Gerald Shepherd, Frank Morris, Peter Hughes, 1965/66.

Einzugsgebiet 180.000 Einwohner, angenommene Kremationszahl pro Jahr 2.500. Lage in einem ausgedehnten Landschaftspark. — Das Krematorium verfügt über zwei Feierhallen unterschiedlicher Größe mit gleichen Nebenräumen und über zwei Verbrennungsöfen. Die große Halle faßt 80 Personen. Im Osten schließt sich an die beiden Feierhallen der Kranzhof an, der zur Erinnerungskapelle führt.

Grundriß
1 Pfarrer/Redner
2 WC
3 Stuhlstapel- und Blumenraum
4 Eingangshalle
5 Warteraum
6 Büro
7 Krematoriumsverwalter
8 Feierhallen
9 Musikraum
10 Durchgangsraum
11 Übergaberaum/Vorraum des Krematoriums
12 Zwischenaufbahrung
13 Ventilatorenraum
14 Personal
15 Aschenabfüll- und -aufbewahrungsraum
16 Trafo
17 Verbrennungsraum
18 Kranzhof
19 Erinnerungskapelle
20 überdachte Vorhalle
21 Garten
22 Wirtschaftshof
23 Parkplatz

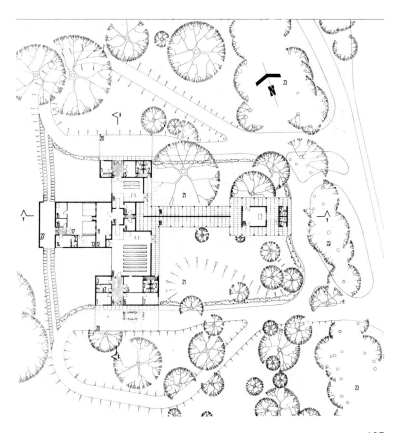

Edinburgh (Schottland, GB), Mortonhall Krematorium

Architekten Sir Basil Spence, Glover & Ferguson, Edinburgh, in Zusammenarbeit mit dem Stadtarchitekten A. Steele, Edinburgh; Entwurfszeit 1961/67, Bauzeit 1967/70.

Einzugsgebiet 500.000 Einwohner. Das Areal des Krematoriumgeländes mit zugehörigen Flächen für das Ausstreuen der Aschen und Erinnerungsgarten beträgt 22,66 ha. Das städtische Krematorium liegt in einer Mulde an einem kleinen Fluß in einer Waldung. Die drei Hauptelemente der Baugruppe sind die große und die kleine Feierhalle, das tiefer gelegene Krematorium mit dem Verwaltungstrakt und die Erinnerungskapelle. Die Außenwände der Baugruppe sind mit hellen Kunststeinplatten in verschiedenen Schichtenhöhen verkleidet, Fenster und Türen bestehen aus rotem Zedernholz, die Laterne über der großen und die Trommel über der kleinen Feierhalle sind mit Zink verkleidet, die Laterne ist an der Südseite verglast. — Die große Feierhalle mit 325 qm hat 250, die kleine Halle mit 107 qm hat 50 Sitzplätze. Die hohen, schmalen Fenster sind gelb, bernsteinfarben, grün, blau, purpurrot verglast, so daß das Südlicht in farbigen Mustern auf die weiß getünchten Wände fällt. Die Decke ist mit naturfarbenem Kiefernholz verschalt, ebenso das strenge, aus Beton geformte Gestühl, der Fußboden ist mit dunkelgrauen Kunststeinplatten belegt, deren Fugen die Schrägrichtung der Bänke aufnehmen. Der Platz des Katafalks erhält Tageslicht aus den Fenstern und durch die pyramidenförmige Laterne, der Katafalk selbst besteht aus hellem Beton und Bronze, hinter ihm ein schlichtes Holzkreuz, auch das Lesepult aus Kiefernholz. — Die Katafalke haben Versenkapparate zum Krematorium mit z. Z. drei Öfen. Das Beispiel zeigt besonders den Hang der englischen Krematoriumserbauer zur Sakralarchitektur.

Das Innere der großen Feierhalle mit Katafalk und Oberlicht

Längs- und Querschnitt
1 überdachte Eingangshalle
2 Orgelempore
3 Eingang
4 Untergeschoß — Grundfläche
5 Feierhalle
6 Katafalk
7 Übergaberaum (Vorraum des Krematoriums)
8 Verbrennungsraum
9 Ventilatorenraum
10 Gasuhr
11 Personal — Umkleide- und Waschraum
12 Wirtschaftshof

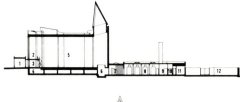

Westansicht der großen und kleinen Feierhalle

Ostansicht der Mortonhall-Kapelle (große Feierhalle)

Grundriß
1 Pendland-Kapelle (kleiner Feierraum)
2 Krematoriumsleiter
3 Raum für die Geistlichen
4 Ruheraum
5 Waschraum, WC
6 Personalraum
7 Mortonhall-Kapelle (große Feierhalle)
8 Orgelempore
9 überdachte Vorhalle
10 Kühlraum
11 Lagerraum
12, 13 Verwaltung
14 Lagerraum
15 Personal, WC
16 Personalraum
17 Personalwaschraum
18 Kesselraum
19 Ventilatorenraum
20 Gasuhr
21 Pulverisierungsanlage
22 Verbrennungsraum
23 Übergaberaum
24 Sargwagen-Raum
25 Wirtschaftshof

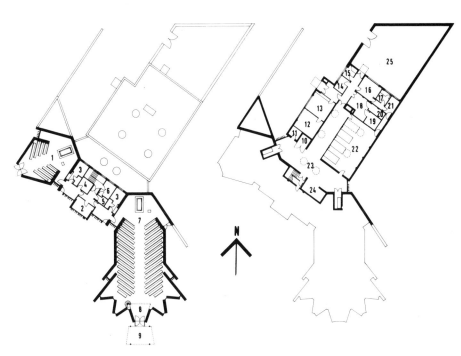

Den Haag (Holland), Krematorium Ockenburgh

Architekten Jan Wils, M. J. B. Meijsen, Voorburg, Planungsbeginn 1959, Bauzeit 1964 bis 1966.

Einzugsgebiet Den Haag, 538.000 Einwohner, Größe des Krematoriumsgrundstücks mit Aschenstreufeld, Dienstgebäude etc. 18.000 qm. Das Krematorium wurde im Auftrag der Crematoriumsvereniging Nederland für Den Haag und einen Teil Südhollands gebaut. Das Gelände grenzt an das Dünengebiet südwestlich von Den Haag an, ist hügelig und mit hochstämmigen Bäumen bewachsen. Vom Tor führt ein Rundweg zum Krematorium, Besucher können durch verschiedene Eingänge das Krematorium erreichen. Die Gebäude sind um einen Hofplatz gruppiert, die beiden Feierhallen höher gebaut. Warteräume für Familienangehörige und Besucher sind voneinander getrennt und haben separate Eingänge zu den Feierhallen. — Die drei erdgasbeheizten Verbrennungsöfen liegen im Untergeschoß unter den Dienstgebäuden, hier ist auch ein Aufbewahrungsort für die Urnen. — Die Wände der Feierhallen sind aus violetten Backsteinen, je eine Wand ist vollverglast, um die Natur einzubeziehen; die Decken sind aus Holz, die Fußböden aus Natursteinplatten. Kunstwerke aus Keramik und Textil schmücken die Räume. — Typisch für die holländischen Krematorien sind die Kondolenzräume, in denen die Hinterbliebenen den Teilnehmern an der Feier Kaffee und einen kleinen Imbiß reichen lassen können. — Die große Feierhalle faßt 300 Plätze, davon 120 Sitzplätze, die kleine 100 Plätze, davon 40 Sitzplätze. — Baumaterialien: Fassade — Aluminium, Mauern — violettfarbener Backstein, Eingangsmauern — grauer Naturstein, Eingangstüren — Holz, Schornstein — Beton mit schwarzem Travertin, Decken der niedrigen Gebäude — Stuck, Decken der Feierhallen — Zedernholz, Fußböden — Natursteinplatten.

Innenhof

Eingang zur großen Feierhalle ▶

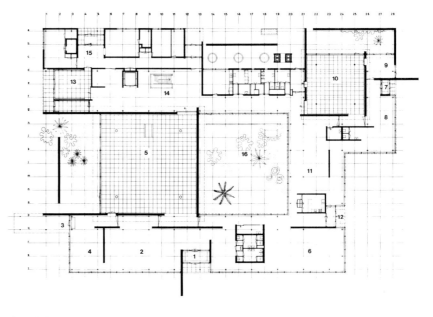

Grundriß Erdgeschoß
1 Eingang zur großen Feierhalle
2 Warteraum für Besucher
3 Eingang für Angehörige
4 Warteraum für Angehörige
5 große Feierhalle
6 Kondolenzraum zur großen Feierhalle
7 Eingang zur kleinen Feierhalle
8 Warteraum für Besucher
9 Warteraum für Angehörige
10 kleine Feierhalle
11 Kondolenzraum zur kleinen Feierhalle
12 Ausgang
13 Trauerhalle
14 Treppenhalle
15 Kontorabteilung
16 Innenhof

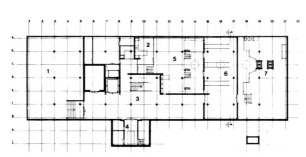

Grundriß Kellergeschoß
1 Urnenverwahrungsort
2 Aschenbehandlungsraum
3 Treppenhalle
4 Leichenbahre
5 Verbrennungsraum
6 Einfuhrraum
7 Heizzentrale

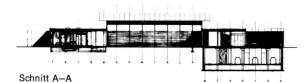

Schnitt A—A

Kondolenzraum der großen Feierhalle (links) ▶
Große Feierhalle (rechts) ▶

Utrecht (Holland), Krematorium Daelwijck in Utrecht-Overvecht

Ingenieurbüro für Architektur und Städtebau Dingemans, Utrecht, Mitarbeitender Architekt: Ir. W. R. de Vries, Genossenschaft Ingenieurbüro Van Steenis W. A. war Beraterin für die Konstruktion, Gartenarchitekt H. Cleveringa von der N. V. Grontmij. in De Bilt, Entwurf 1967, Übergabe des 1. Bauabschnitts 1970, des 2. Bauabschnitts 1971, insgesamt 1.400 cbm umbauter Raum, 3.115 qm Nutzfläche.

Das Krematorium liegt im flachen Land nahe dem Utrechter Neubauviertel Overvecht. Das Gebäude ist nach innen gerichtet, es umfaßt zwei Feierhallen, drei Kondolationsräume und drei Einäscherungsöfen. Die Familienangehörigen werden nirgends mit den übrigen Besuchern vor der Gelegenheit zum Kondolieren konfrontiert. Die Feierhallen haben nur eine indirekte Verbindung zur Außenwelt über Innengärten und mit teilweise von oben kommenden wechselndem Lichteinfall. Nach dem Verlassen der Feierhallen wird man beim Gang, an einem Hof entlang, zu den Kondolationsräumen wieder mit der Außenwelt, dem das Krematorium umgebenden Park, konfrontiert. Auf eine völlige Geräuschisolation zwischen den technischen und den öffentlichen Räumen wurde besonderer Wert gelegt. Der Schornstein des Krematoriums innerhalb des Gebäudes ist nicht sichtbar.

Vorfahrt für die kleine Feierhalle ▼   Westansicht ▶

Kondolenzraum und große Feierhalle ▶

Schnitt O–W

Grundriß Erdgeschoß und Untergeschoß

1 Belüftung
2 Werkstatt
3 Aschenfüllraum
4 Verbrennungsraum
5 Lagerraum für Aschenkapseln
6 Fahrstuhl Maschinenraum
7 Lagerraum
8 Fahrstuhl
9 Kanalschacht
10 Gang
11 Abstellraum
12 Heizung
13 Eingänge
14 Rampe
15 Archiv
16 Büro
17 Trafo
18 Telefonautomat
19 Blumenraum
20 Wasch- und Umkleideraum
21 Wartezimmer für Fahrer
22 Personal
23 Garderobe
24 Empfangshalle
25 Eingang für Angehörige
26 Warteraum für Angehörige
27 große Feierhalle
28 Katafalk
29 Abstellraum für religiöse Zeichen
30 kleine Feierhalle
31 Innenhof
32 Raum zur Entgegennahme der auszustreuenden Asche
33 Aufseherraum
34 Ankleideraum
35 Ruheraum
36 Sprechanlage
37 Küche
38 Statue
39 Kondolenzzimmer
40 Vorfahrt der Teilnehmer an der Trauerfeier
41 Vorfahrt der Wagen
42 Vorfahrt der Wagen für die Abfahrt der Teilnehmer an der Trauerfeier

Eingang für Trauergäste

Rotterdam (Holland), Krematorium Rotterdam-Süd

Architekten Apon, van den Berg, ter Braak, Tromp, Rotterdam, Planungsbeginn 1965, Ausführung 1967/70.

Das Krematoriumsgelände umfaßt 4,5 ha, in ihm befinden sich die Wiesen für das Ausstreuen der Asche und freistehende Urnenmauern. Der gelbe Ziegelbau mit Kupferdach hat von allen Seiten eine äußerst bewegte Silhouette. Die Böden in den inneren Gängen sind aus braunen Spaltkacheln, in den Feierhallen aus Norwegischem Schiefer, die Innenwände außerhalb der Feierhallen heller Spritzputz, alle Holzarbeiten hell lackiert. — Der umbaute Raum des Krematoriums einschließlich Keller und Dachaufbau (ohne Büro und Dienstwohnung) ca. 12.180 cbm. Die beiden Feierhallen mit je 199 bzw. 160 qm Fläche haben in veränderbarer Sitzordnung jeweils 80 bzw. 30 Sitzplätze und 100—150 bzw. 70—100 Stehplätze. Im 100 qm großen Ofenraum sind drei Öfen untergebracht, es ist Platz für einen vierten Ofen.

Grundriß Erdgeschoß
1 Eingang für Trauergäste
2 Garderobe
3 Wartehalle
4 Eingang für Angehörige
5 Aufenthaltsraum für Angehörige
6 Ruheraum für Angehörige
7 Vorraum für die Feierhallen
8 Betriebsleitung
9 große Feierhalle
10 kleine Feierhalle
11 Zugang zu den Kondolationsräumen
12 Fahrstuhl zum Keller
13 großer Kondolationsraum
14 kleiner Kondolationsraum
15 Küche
16 Ausgang
17 Innenhof
18 WC

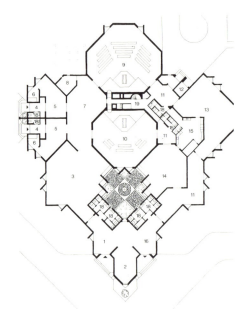

Große Feierhalle

Gesamtansicht
Großer Kondolenzraum

kleidung: Graugrüner schwedischer Stein, Dachdeckung: grauer und brauner norwegischer Schiefer, in den Innenräumen wurden außerdem Ziegelstein, Holz und Leder verwandt in ausgesprochen gediegener handwerklicher Verarbeitung. In den Feierhallen Wandleuchter aus Holzrahmen mit japanischem Papier, in der großen Feierhalle Beleuchtung durch aufgehängte Lichtmatten aus Holz, in der kleinen Feierhalle Beleuchtung in Kassetten zwischen den Holzpaneelen der Oberwände. Über dem Katafalk jeweils eine Lichtmatte, die durch Abdämpfen des Lichts das Ende der Feier anzeigt, die Gemeinde verläßt dann den Raum, der Sarg bleibt solange stehen.

◀ Kleine Feierhalle   Grundriß

Lingby-Taarbaek (Dänemark)

Architekten Hendrik Iversen und Harald Plum, Wettbewerb 1951 für einen 15 ha großen Friedhof, dessen Ausbau 1954 begann und 1958 abgeschlossen war. Die gleiche Architektengemeinschaft entwarf die Hochbauten, Bauzeit 1965/67.

Bebaute Gesamtfläche ca. 1.200 qm, überdacht ca. 2.000 qm, große Feierhalle 400 qm mit 306 Sitzplätzen, kleine Feierhalle 210 qm mit 78 Sitzplätzen, Empfangskapelle für Andachten bei der Anlieferung des Sarges oder auch für Aussegnungsfeier im engeren Familien- und Freundeskreis, 36 Plätze. — Die beiden Feierhallen sind durch ein niedriges Gebäude verbunden, das u. a. Räume für die Geistlichen, den Chor, den Organisten, die Sargträger sowie einen Raum für die Urnenauslieferung und Personalräume enthält. Ein Teil der Räume ist zu einem Gartenhof orientiert. Im Kellergeschoß sind zwei Aufbewahrungsräume für Särge, Kühlraum, Raum für die Blumenschmückung der Särge sowie Aufzug usw. Äußere Mauerbe-

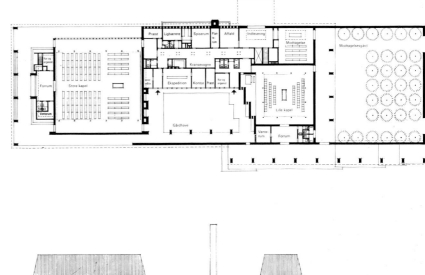

◀ Ausschnitt aus der großen Feierhalle   Südansicht

Malmö-Limhamn (Schweden)

Architekten SAR Thorsten Roos, Bror Thornberg, Mitarbeiter Pierre Baerlswyl, Bengt Jacobsson, Einar Jangbro, 1964, im Zusammenhang mit der Anlage eines Zentralfriedhofes von 14 ha im Anschluß an einen alten Kirchhof.

Leitmotiv: Schaffen einer bewußt freundlichen und hellen Atmosphäre. Zwei Feierhallen mit 70 bzw. 40 Sitzplätzen und jeweils zugehörigem Warteraum für die Angehörigen und einem Hof zur Versammlung der Trauergemeinde. — Aufstellmöglichkeit für 56 Särge. Die Arbeits- und Personalräume sind um einen Innenhof angeordnet. Auf kurze Verbindungswege wurde Wert gelegt. Der Kranzhof ist mauerumzogen und geschützt. — Böden und Wände der Feierhallen sind aus dunklem bzw. rötlichem Granit, die Decken aus Holz. Die große Halle hat für den Lichteinfall auf den Sarg ein großes künstlerisch gestaltetes Fenster. Die kleine Halle hat für die Belichtung eine Laterne über dem Altar. Die Altäre deuten auf die in Skandinavien übliche Sakralität der von der Staatskirche geweihten Krematoriumsbauten hin. Die Feierhallen werden offiziell hier Kapellen genannt. Die beiden ölgeheizten Kremationsöfen liegen mit den Feierhallen auf einer Ebene. Die Feierhandlungen werden fernseh-gesteuert.

Große Feierhalle

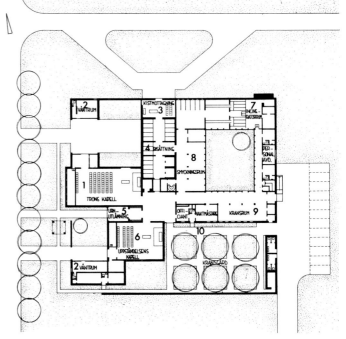

Grundriß
1 Große Feierhalle
2 Warteräume
3 Sargempfangsraum
4 Aufbahrung
5 Urnenraum
6 Kleine Feierhalle
7 Krematorium
8 Dekorationsraum
9 Kranzraum
10 Kranzhof

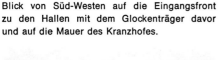

Blick von Süd-Westen auf die Eingangsfront zu den Hallen mit dem Glockenträger davor und auf die Mauer des Kranzhofes.

Blick von Norden auf die Anfahrt für die Anlieferung (links) und den Eingang zur großen Halle (rechts)

Stockholm-Råcksta

Architekt Klas Fahraeus und Gartenarchitekt Gunnar Martinsson, Stockholm. Wettbewerb 1957, Fertigstellung und Inbetriebnahme 1964. Einzugsgebiet: die westlichen Vororte Stockholms.

Der Friedhof ist mit bis zu 5 m hohen Erdwällen umgeben. Das Krematorium bildet den Hintergrund des nördlichen zentralen Wiesengeländes, es ist aus geschlemmten Ziegeln auf Holzbalkenlagern erbaut. Die große Feierhalle faßt ca. 200 Personen, die kleine ca. 50 Personen, die Eingänge sind durch Schutzdächer markiert. Holz und Ziegel sind die hauptsächlichen Baustoffe. Die Rückwand der großen Halle ist in zwei tiefenmäßig verschiedene Wände aufgeteilt, wodurch sich ein Lichtspalt bildet. Wandschmuck von Professor Arne Jones. In der kleinen Halle Bronce-Relief von Sven Lundquvist. — Die Kremationsräume und die Abstellhallen für 200 Särge liegen im Untergeschoß, das vom tiefergelegenen Wirtschaftshof erschlossen wird. — Auf dem Friedhof Råcksta werden nur Aschen beigesetzt; zu 50% in Familiengräbern, zu 50% in Urneneinzelgräbern. Drei einheitliche Grabmaltypen: liegende Namenssteine, Metallkreuze und Granitwürfel für je vier Familiengräber.

Große Feierhalle

Grundriß Erdgeschoß
1 Große Feierhalle
2 Kleine Feierhalle
3 Orgel
4 Warteraum
5 Kranzannahme
6 Gewächsraum
7 Büro

Grundriß Untergeschoß
1 Einlieferung
2 Abschiedsraum
3 Aufbahrung
4 Dekorationsraum
5 Sargaufzug
6 Krematorium-Vorraum
7 Verbrennungsöfen
8 Urnenverwahrung
9 Urnenübergaberaum

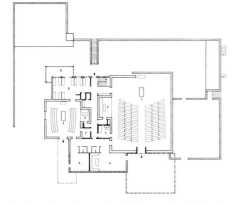

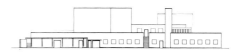

Nord-West-Ansicht

Blick auf die zum Friedhof gerichtete Eingangsseite zu den Feierhallen

Kleine Feierhalle ▶

Gävle (Schweden)

Architekten Alf Engström, Gunnar Landberg, Bengt Larsson, Alwa Törnemann, Stockholm
Wettbewerb 1954, Bauzeit 1958/60.

Der Gesamtfriedhof umfaßt 28 ha für 60.000 Einwohner. Im neuen Waldteil das hervorragend eingefügte, in der Schlichtheit überzeugende Krematorium mit zwei Feierhallen, der größeren »Kapelle des ewigen Lebens« mit 304 qm, der kleineren »Kapelle der Auferstehung« mit 144 qm und der kleinen Empfangskapelle für Andachten bei der Einlieferung, der »Kapelle der Verheißung«; insgesamt 4.740 cbm umbauter Raum und 1.465 qm überbaute Fläche. — Baumaterialien: Beton, Glas, Holz, Natursteinböden.

Grundriß Erdgeschoß und Kellergeschoß
1 große Feierhalle
2 kleine Feierhalle
3 Andachtskapelle
4 Vorhof und Wartehalle
5 offener Lichthof
6 Musikerraum
7 Sakristei
8 Personal
9 Personal-Umkleideraum
10 Büro
11 Urnenraum
12 Kranzraum
13 Raum für Abfälle
14 Abstellraum
15 Sargwagen
16 Halle mit Treppe und Aufzug
17 Leichenzellen
18 Sargdekoration
19 Einsargung
20 Abstellraum
21 Ventilation
22 Trafo
23 Vorraum für Verbrennung
24 Verbrennungsraum
25 Aschenabfüllraum

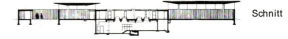
Schnitt

Kleine »Kapelle der Auferstehung«

Große »Kapelle des ewigen Lebens«

Nacka (Schweden), Storkällans Kyrkogård

Architekt Prof. Wolfgang Huebner, Bjärred, künstlerische Ausstattung Prof. Olle Nyman, Stockholm, Gartenarchitekt Prof. Gunnar Martinsson, Stockholm, Karlsruhe. Baubeginn des Friedhofs 1965, Bauzeit des Krematoriums 1968/70.

Gesamtfläche des Friedhofs 43 ha mit 11,7 % Belegungsfläche für 27.000 Einwohner. Umbauter Raum 6.850 cbm, Fläche der großen Feierhalle 110 qm mit 72 Sitzplätzen, der kleinen Feierhalle 86 qm mit 44 Sitzplätzen. Von der Einfahrt aus ist der 23 m hohe Glockenturm sichtbar, wie die Vordächer der Feierhallen ist er aus unbehandelten Cortenstahlblechen geschweißt. Bei der Wahl des Baumaterials war der Wunsch nach farbigem Anschluß an die Umgebung ausschlaggebend. Das Äußere der Feierhallen weist entsprechend außer spiegelndem Glas nur dunkelbraune Klinker und unbehandelten Cortenstahl auf. Alle tragenden Stahlkonstruktionen behalten auch im Innern sichtbar ihre braunrostige Oberfläche. Böden: Schwarzer Kalkstein, Trennwände, Türen und ein Teil der Inneneinrichtung aus verleimten massiven Föhrenholz. Heizung durch Warmluft- und Bodenheizung.

Eingangsbereich ▲   Große Feierhalle ▶

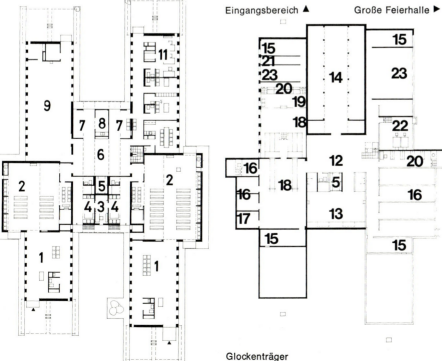

Grundriß Erd- und Kellergeschoß
1 Vorhallen 2 Feierhallen 3 Aufsicht 4 Besprechungsräume 5 Aufzug 6 Zentralhalle 7 Aufnahmeraum 8 Einbalsamierung 9 Kranzhalle 10 Personal 11 Verwaltung 12 untere Halle 13 Sargdekoration 14 Aufbahrung 15 Sezierraum 16 Lager 17 Elektrische Zentrale 18 Verbrennungsraum 19 Werkstatt 20 Urnenraum 21 Maschinenräume 22 Kesselraum 23 z. b. V.

Glockenträger

Turku (Finnland), Heiligenkreuz-Kapelle

Architekt Pekka Pitkänen unter Mitwirkung von Ilpo Raunio und Ola Laiho, 1965/67.

Neubau auf einem alten Friedhof, der schon über eine 1941 erstellte Aussegnungshalle verfügt. Um das Krematorium liegen die Urnengräber. Das »Heiligenkreuz-Kapelle« genannte Krematorium verfügt über drei Feierhallen, jede dieser Hallen ist für Aussegnungsfeiern bei Erd- und Feuerbestattung vorgesehen, sie können gleichzeitig benutzt werden. — Die große Halle hat 160 Sitzplätze mit Empore für Orgel und Chor, die kleine Halle 50 Sitzplätze, ebenfalls mit Orgel, die untere Kapelle liegt im tiefer liegenden Erdgeschoß und ist vor allem als Empfangsraum gedacht und für Feiern im engsten Familienkreis. — Der Verkehr wurde so geführt, daß die Beteiligten an verschiedenen Beisetzungen und die Zulieferung einander möglichst wenig stören. — Ansicht, Grundriß und Schnitt zeigen die zwei Ebenen des Gebäudes, wobei die eigentlichen Feierhallen in der oberen Ebene liegen. — Baumaterialien: Sichtbeton, Bronze, Eichenholz, naturfarbener, hellblauer Asbestverputz.

Grundriß
1 Vorhalle
2 große Feierhalle
3 kleine Feierhalle
4 Ruhezimmer für Angehörige
5 Kranzhalle
6 Sakristei
7 Raum für Musiker
8 Urnenübergabe

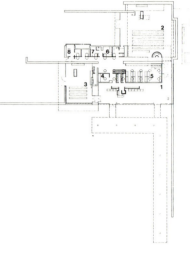

Überdachter Eingang zur großen und kleinen Halle

Kleine Feierhalle ▼
Vorraum zu den Feierhallen (unten)

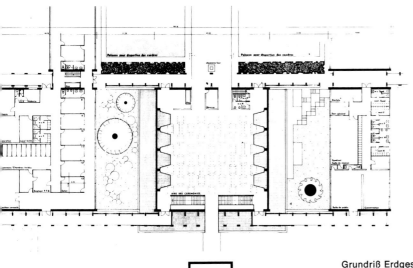

Cimetière des Joncherolles

Friedhof mit Krematorium des interkommunalen Zweckverbandes der Orte Saint-Denis, Saint-Quen, Pierrefitte, Villetaneuse, Epinay-Sur-Seine.
Architekten Robert Auzelle, Pierre Lery, Hector Patriotis.

Vorgesehene Friedhofsfläche: 36 ha, geplant: 25 ha, 1. Bauabschnitt: 16 ha, z. Zt. im Ausbau.

Zum Projektprogramm gehören u. a. Zufahrtsstraßen, Parkplätze für 180 Pkw und 5 Autobusse, Vorplatz und die Bauten unter Einbeziehung eines Krematoriums mit unterirdischem Verbindungsgang und u. a. die Schaffung von Beisetzungsflächen durch 25 m hoch aufgeschüttete Erdwälle mit vorgefertigten Grabkammern und das Wegenetz für verschiedene Freiräume mit Rasen und Pflanzungen. Das Netz der Hauptwege wird betont durch die begleitenden Böschungen.

Die Bauten sollen nach der Absicht der Architekten Macht und Zusammensetzung der Gesellschaft demonstrieren durch die außerordentliche Weite der Bauten im Erdgeschoß, ausgenommen der Bereich der Feierhandlungen und des Krematoriums, und durch die Verbindung von Techniken der Vorfabrikation aus traditionellen Werkstoffen (Backsteinen) und heutigen Materialien (Schalbeton). Der Eindruck soll gesteigert werden durch das Fließen der Wasser von den Enden der Dachschalen in die Wasserrinnen tragenden Säulenhallen, die Bauten und Wasserbecken des Eingangsbereichs verbinden. Das Wasser soll das Fließen der Zeit und die Unerbittlichkeit des Todes symbolisieren und zugleich Resignation und Hinnahme des Todesgeschehens ausdrücken. Dieses Thema wird aufgenommen und weitergeführt in den Ossarien und Urnenwänden.

Die abschließenden Bauten aus Frankreich dokumentieren wie die dargelegten Absichten der Architekten, die gegenüber dem deutschsprachigen, skandinavischen oder angelsächsischen Kulturraum völlig andere Grundlage der romanischen Friedhofskultur. In ihrem Rahmen sind die interkommunalen Friedhöfe mit Krematorien und interkonfessionellen Feierhallen ein völliges Novum.

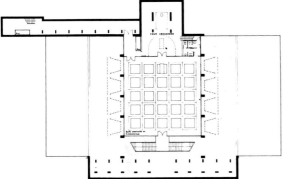

Grundriß Erdgeschoß der Bauten, von rechts nach links: Verwaltung und Büros, Zeremonienbereich für die Ankunft des Trauergeleits am Friedhof, Gebäude des Begräbnisdienstes

Untergeschoß der Feierhalle mit dem allen Kulten zur Verfügung stehenden Feiersaal und Krematorium

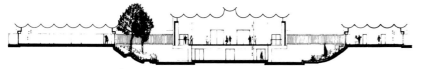

Querschnitt durch die drei Bauten

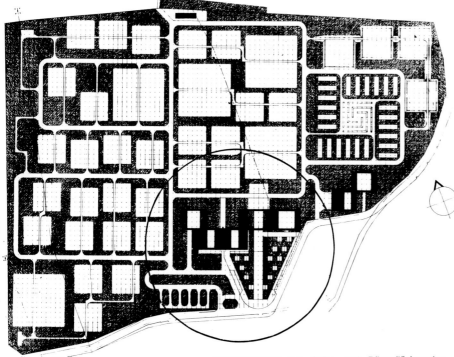

Gesamtentwurf mit Grün- und Pflanzflächenplan

Längsschnitt durch das Krematorium und die Feierhalle

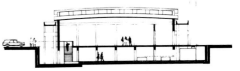

Cimetière de la Fontaine Saint-Martin

Interkommunaler Friedhof der Gemeinden Valenton, Limeil-Brérannes, Villeneuve-Saint-Georges.
Architekten Robert Auzelle, André Mahé, Hector Patriotis.

Der Friedhof ist z. Zt. im Ausbau. Gesamtfriedhofsfläche 40,75 ha. Die Anordnung der Bauten und die Nüchternheit der Architektur sollen nach der Vorstellung der Architekten Ruhe und Würde ausstrahlen. Zum ersten Mal in Frankreich wird es hier einen Feierraum geben, der allen religiösen und kultischen Gemeinschaften zur Benutzung offen steht. Dieses Gefühl für das ökumenische Gebet hat nach Aussage der Architekten die Form und Zusammenstellung der Bauten als Ort des Gebets und der Hoffnung bestimmt; die Besucher sollen zur Meditation, zur Rückbesinnung auf sich selbst geführt werden.

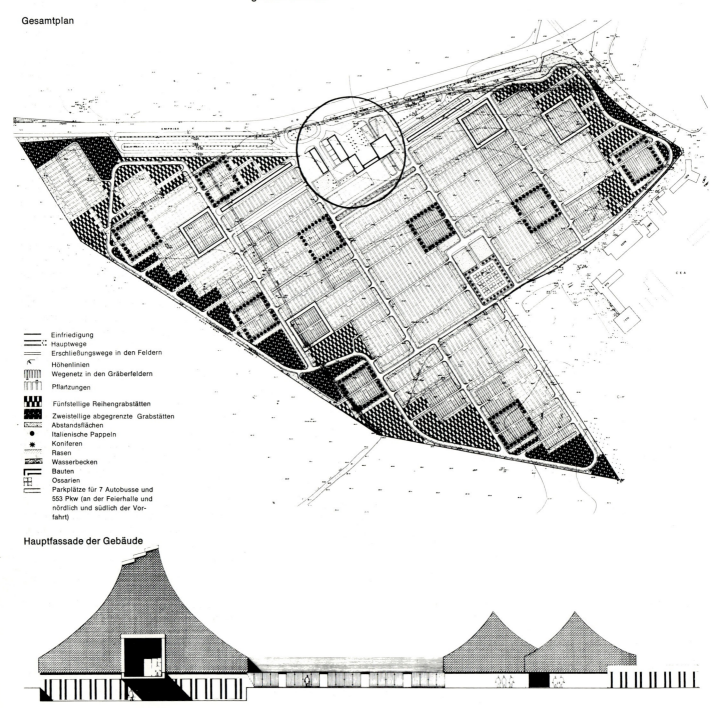

Gesamtplan

- Einfriedigung
- Hauptwege
- Erschließungswege in den Feldern
- Höhenlinien
- Wegenetz in den Gräberfeldern
- Pflanzungen
- Fünfstellige Reihengrabstätten
- Zweistellige abgegrenzte Grabstätten
- Abstandsflächen
- Italienische Pappeln
- Koniferen
- Rasen
- Wasserbecken
- Bauten
- Ossarien
- Parkplätze für 7 Autobusse und 553 Pkw (an der Feierhalle und nördlich und südlich der Vorfahrt)

Hauptfassade der Gebäude

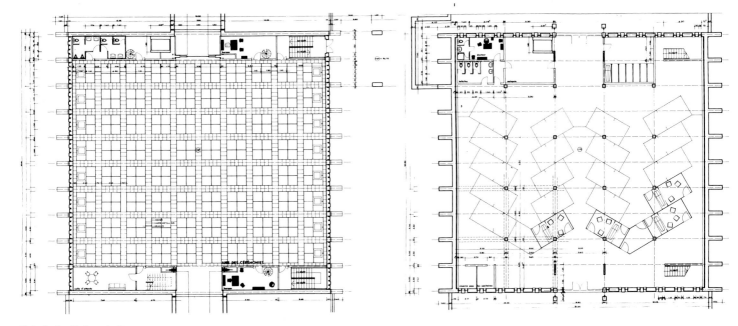

Feierhalle, Erdgeschoß
Feierhalle, Untergeschoß mit 20 Aufbewahrungskammern mit Besucherraum für die Angehörigen, Sezierraum und Kühlzelle

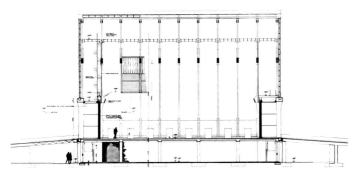

Längsschnitt durch Erd- und Untergeschoß der Feierhalle

Querschnitt, der die Unterteilung des Gesamtraumes in drei umschlossene Säle zeigt

Die große Halle

Querschnitt durch die Feierhalle nach Aufhebung, d. h. durch Hochziehen der Trennwände

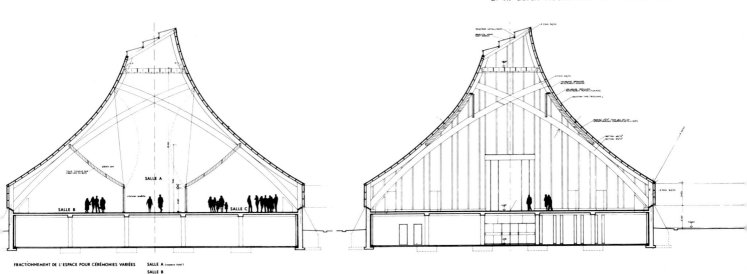

KREMATIONSÖFEN

Im Text über die Krematoriumsbauten wurde auf die Diskrepanz zwischen kultischer Handlung und technischem Verbrennungsvorgang hingewiesen und auf die Möglichkeit, jenen Raum, in dem der Sarg in den Ofen eingeführt wird, ohne Verleugnung der Technik so würdig auszugestalten, daß Verwandte und Freunde beim Einführen des Sarges in die Verbrennungsanlage anwesend sein können. Die folgenden Beispiele wollen zeigen, daß Ästhetik und Technik keine Gegensätze sind.

Zürich (Schweiz), Krematorium Nordheim

(siehe Seite 123)

◄ Verbrennungsraum mit der Vorderfront der Öfen.

Den Haag (Holland), Krematorium Ockenborgh

(siehe Seite 128)

Einführraum mit Oberlichtkuppel (Abb. unten links). Darüber der nur dem Personal zugängliche rückwärtige Teil der Verbrennungsanlage (Abb. Mitte rechts).

Huskvarna (Schweden)

Würdiger Raum mit Oberlicht zum Einführen der Särge in die Verbrennungsanlage und Blick in den hinteren Arbeitsraum (Abb. Mitte links und unten rechts).

Oslo (Norwegen)

Die schlichte Ziegelwand an der Frontseite der Öfen strahlt soviel Würde aus, daß man hier dem Einführen des Sarges in die Verbrennungsanlage beiwohnen kann. ▶

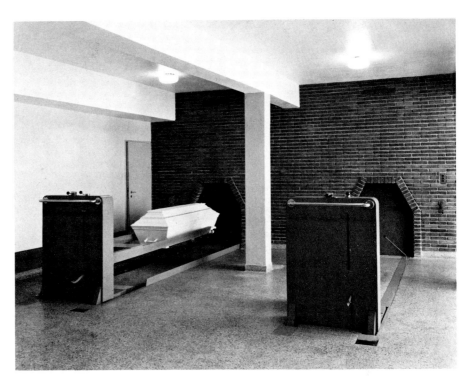

Lund (Schweden)

Das linke Bild zeigt von einer Empore aus, von der aus die Angehörigen an der Handlung teilnehmen können, eine durch eine Holztür verschlossene Einschuböffnung. Im Bild rechts daneben sind die Türen geöffnet; die Keramikwand um die Ofenöffnung ist sinnbildhaft geschmückt.

Stockholm (Schweden), Krematorium Råcksta

(siehe Seite 135)

Hier bestimmt allein die Schlichtheit die Würde. Die Rückseite dieses schwedischen Verbrennungsofens wird von technischer Ästhetik bestimmt.

 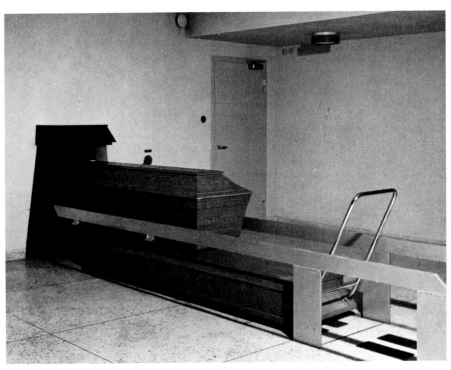

Rotterdam (Holland), Krematorium 2

Diese Anlage ist nicht für eine Teilnahme der Angehörigen bestimmt, obwohl das Gesetz vorschreibt, den Leichnam unmittelbar nach der Feierhandlung in das Krematorium einzuführen. Die Trauergemeinde ist zu dieser Zeit in den Kondolenzräumen des Krematoriums. ▶

Norrköping (Schweden)

Auch hier ist der Einführraum bewußt für eine Teilnahmemöglichkeit der Hinterbliebenen ausgestattet worden. Die Einschuböffnung hat eine Natursteinumrahmung. ▼

Harlow/Essex (England)
(siehe Seite 124)

In England ist es üblich, daß der Katafalk mit dem Sarg an der Rückwand der Feierhalle steht. Nach der Feierhandlung wird der Sarg hinter einem Vorhang durch eine Öffnung auf gleicher Höhe mechanisch in den dahinterliegenden Vorraum des Krematoriums gezogen und auf der gleichen Katafalkhöhe bleibend in den Ofen eingeführt. Das bestimmt hier die Höhe der Einschuböffnung. ▶

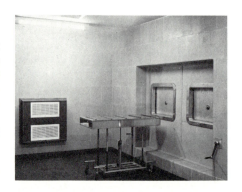

Edinburgh/Schottland (Großbritannien), Mortonhall Crematorium

Das über Harlow Gesagte gilt auch hier. Die einzelnen Öfen sind hier wie Türen nebeneinander aufgereiht. Dem entspricht die Anlage im hinteren Arbeitsraum.

Utrecht (Holland), Krematorium Daelwijck

Einen würdigen, die Technik keineswegs verleugnenden Eindruck macht der Raum vor den Öfen des Krematoriums Daelwijck in Utrecht, Holland (siehe Seite 130), dessen Klinkerfußboden, die metallenen Ofenwände und die Rasterdecke gut miteinander harmonisieren. Die gleichen Baumaterialien und Gestaltungselemente bestimmen auch den Raum hinter den Öfen.

Southend on Sea/Essex (England)

Wie in anderen Krematorien Skandinaviens, der Niederlande und Englands wird auch in Southend on Sea in Essex/England durch verborgene Kameras das Geschehen in beiden Feierhallen auf Monitoren über dem Schaltpult des Aufsichtsbeamten, der auch die Instrumentenanzeigen der Verbrennungsanlage vor sich hat, übertragen. Im Bereich der Feuerbestattung wird man sich an eine technische Perfektion gewöhnen müssen.

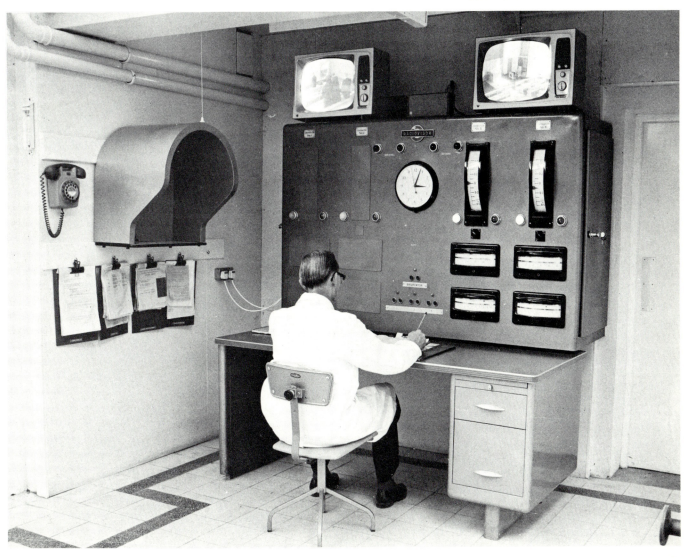

KOLUMBARIEN

Urnenwände können als Raumbildner dem Friedhofsgestalter durchaus als reizvoll erscheinen und hier und da zugunsten eines großflächigeren öffentlichen Grüns verwandt werden. Flächensparend sind diese vertikal über der Erde entstehenden, Urnen in Schichtungen übereinander aufnehmenden Mauern jedoch kaum. Geht man davon aus, daß eine solche 2 m bis höchstens 2,30 m hohe Urnenmauer einen Querschnitt von ca. 50 cm mit einem Fundamentquerschnitt von 80 cm hat, bei einer Urnenfachbreite von 75 cm, dann hat man über einem knappen $1/2$ qm Grundfläche die Unterbringungsmöglichkeit von drei Urnengefachen mit einer wohl nur selten genutzten maximalen Aufnahmekapazität von 12 Urnen. Da zwischen den Urnenmauern mindestens aber ein Abstand von 2 m sein muß, ergäbe sich bei einer Erdbeisetzung der Urnen mindestens die gleiche Aufnahmekapazität. Flächenökonomisch wären Urnenhallen wie auf dem Münchener Nord-Friedhof, doch fehlt hier die Beziehung der Hinterbliebenen zu den Urnenbeisetzungen von der vierten Reihe an aufwärts.

München, Nord-Friedhof

Urnenhalle von Oberbaurat Jacoby, Städt. Hochbauamt, 1961 erbaut, Ziegelbau, außen mit Nagelfluh verkleidet, im Innern 304 Urnennischen für je 2 Urnen.

Allgemein baut man heute nicht mehr derart hohe Urnenwände. In München ist man darüber hinaus vom Bau von Urnenhallen und Urnenmauern ganz abgegangen. Die Aschen werden wieder in der Erde beigesetzt, z. T. nach englischem Vorbild in Rosen-Gedächtnisanlagen.

Utrecht (Niederlande)

Kolombarium am Krematorium Daelwijck, 1970: Die Räume bildenden Urnenwände sind teilüberdacht (Ing.-Büro Dingemans, Utrecht).

Augsburg, Neuer Ost-Friedhof

Städt. Hochbauamt, 1962–1964. Die Nischen der Urnenwände aus Waschbeton werden mit Natursteinplatten verschlossen.

Lahr (Schwarzwald), Neuer Friedhof

1969/70. Nicht alle Urnenwände sind platzsparend, doch wenn ohnehin Stützmauern oder andere bei der Friedhofsanlage erforderliche Mauern zugleich für die Beisetzung von Urnen verwandt werden, dann ist das äußerst sinnvoll.

Basel (Schweiz), Hörnli-Friedhof

In die landschaftliche Erweiterung des einst streng architektonisch angelegten Hörnli-Friedhofs durch die gleiche Planergemeinschaft Klingelfuß, Suter, Burckhardt, Bräuning und Leu wurden Urnenanlagen eingefügt, die durch geschickte Anordnung der Urnenmauern intime Räume bilden. Die architektonischen Elemente sind hier zugleich wichtige Orientierungspunkte im landschaftsbezogenen Friedhofsteil.

Rotterdam (Niederlande), Krematorium Süd

Raumbildende Urnenmauern aus handgestrichenen Ziegeln und Betonplatten mit von beiden Seiten in der Mauer zugänglichen Urnennischen verschiedener Größenordnung. Hier sollen die Urnen frei aufgestellt, die Nischen also nicht verschlossen werden. Architekten Apon, van den Berg, Ter Braak, Tromp, Rotterdam, 1970.

Ludwigshafen, Hauptfriedhof

Die Urnenwände bilden bei entsprechender Anordnung bepflanzte Höfe, die teilweise wieder Akzente durch Steinkuben bekommen und zum Verweilen einladen. Ein Teil der Anlage ist überdacht. Die aus vorgefertigten Betonteilen erstellten Urnenwände — Vorderseite und Balkonkästen aus Sichtbeton, Rück- und Stirnseiten profiliert — werden durch die Balkonkästen in der zweiten und dritten Reihe belebt. Die untere Reihe hat doppelt-große Urnengefache. Die Urnengefache werden durch einheitliche Bronzeplatten mit der Namensinschrift verschlossen.

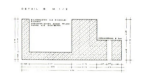

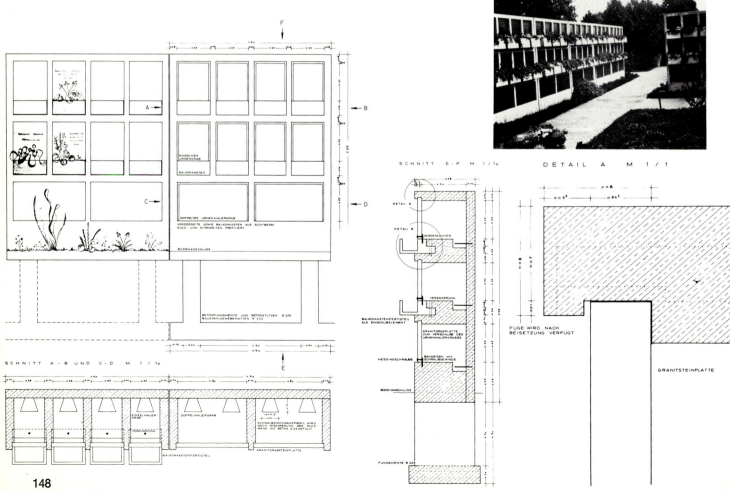